W0049201

Helmut Zöpfl | Walter Rupp

... und der Himmel lacht dazu

Humor rund um den Kirchturm

Helmut Zöpfl,
Walter Rupp

... und der HIMMEL lacht dazu

Humor rund um den Kirchturm

benno

Bibliografische Information der Deutschen Nationalbibliothek
Die Deutsche Nationalbibliothek verzeichnet diese Publikation
in der Deutschen Nationalbibliografie;
detaillierte bibliografische Daten sind im Internet über
http://dnb.d-nb.de abrufbar.

Autorenkürzel:
Helmut Zöpfl: HZ
Walter Rupp: WR

Besuchen Sie uns im Internet unter:
www.st-benno.de

Gern informieren wir Sie unverbindlich und aktuell auch in
unserem Newsletter zum Verlagsprogramm, zu Neuerscheinungen
und Aktionen. Einfach anmelden unter www.st-benno.de.

ISBN 978-3-7462- 5059-5

© St. Benno Verlag GmbH, Leipzig
Covergestaltung: Rungwerth Design, Düsseldorf
Gesamtherstellung: Kontext, Lemsel (A)

iNHALT

HiMMLiSCH – von Engeln und Bengeln

BiBLiSCH – schwarz auf weiß

KiRCHLiCH – Gottes Bodenpersonal

MENSCHLICH - du, ich und Gott

HiMMLiSCH -

von Engeln und Bengeln

Mail eines Engels

Liebe Erdenbürger! Vergesst, was man Euch an Engelbildern zeigt und haltet uns nicht für kindliche und naive Wesen. Wir Engel sehen nicht aus wie Ihr es gerne hättet. Flügel nützten uns – wenn wir sie hätten – bei unseren Flügen durch das Weltall nichts. Man erreicht damit ja keine Lichtgeschwindigkeiten. Schulkinder wenden sich besonders gern an uns, weil sie hoffen, dass wir ihnen, wenn sie nur inständig darum bitten, bei Prüfungen die richtigen Antworten ins Ohr flüstern. Hundehalter, denen der Hund, oder junge Männer, denen die Freundin entlaufen ist, bitten uns nicht selten, dass wir Hund und Freundin aufspüren und zurückbringen. Ja mancher meint, wir könnten seiner Bitte nicht widerstehen, wenn er beim Beten weint. Seit einiger Zeit bedrängt mich sogar ein Atheist, ihm zu helfen. Er erklärte mir, er wende sich nicht an Gott, weil er befürchte, dass Gott seine Bitten – vielleicht wegen seines Unglaubens – nicht erhört. Gott steht auf der Beliebtheitsskala weit hinter uns.

Als ich damals Adam und Eva wegen ihres Ungehorsams aus dem Paradies vertreiben musste, legte ich meine Waffenrüstung an, ich musste ja mit Widerstand rechnen. Als wir zum Patriarchen Jakob geschickt wurden, schlüpften wir Engel in wetterfeste Overalls, wir mussten immerhin auf Leitern mehrmals durch das ganze Weltall auf- und niedersteigen. Und als ich den ehrenvollen Auftrag bekam, Maria die Botschaft von der Menschwerdung Jesu zu bringen,

zog ich die schönste Tunika an, die ich im Kleider-
schrank hatte. In Afrika nehme ich, wenn ich mich unter die Menschen mische, eine schwarze und in Asien
eine gelbe Hautfarbe an. In den südlichen Ländern
bevorzuge ich ein farbenfrohes Gewand, in Japan den
Kimono, in Bayern trage ich Wanderschuhe und einen
Anorak, und in Norddeutschland den Trachtenanzug
oder ein Dirndl, weil man dort sonst nicht beachtet
wird.

WR

Tagebuchaufzeichnungen eines Schutzengels

29. Juli

Kaum jemand kann sich eine Vorstellung davon machen, was so an Bitten täglich bei uns Schutzengeln eintrifft und mit wie vielen albernen Anfragen, die oft sogar mit Drohungen verbunden sind, wir belästigt werden. Manchmal beneide ich meine Kollegen, die als Ehrenwache am himmlischen Hof Dienst tun oder in den himmlischen Chören mitsingen, wegen ihrer geregelten Arbeitszeit und weil sie ohne Unterbrechung in der Nähe Gottes sein dürfen. Wir Schutzengel dagegen müssen zu jeder Tages- und Nachtzeit für die Menschen da sein, sie begleiten und – was das Schlimmste ist – ihre oft aufdringlichen Gebete anhören. Wenn ich daran denke, was allein in der letzten Zeit so alles an Forderungen an mich herangetragen wurde, könnte man seine Engelsgeduld verlieren. In den früheren Zeiten waren die Bittgebete wenigstens noch höflich und mit dem Zusatz abgefasst: wenn ich Euch damit keine Umstände bereite. Das letzte Dankgebet schickte uns vor über 50 Jahren ein Spätheimkehrer nach seiner Entlassung aus russischer Gefangenschaft. Inzwischen aber hat sich der Unfug durchgesetzt, Dringlichkeitsanträge zu stellen und ihnen detaillierte Anweisungen für den Vollzug beizufügen.

30. Juli

Seitdem sich die modernen Menschen aus – wie sie meinen – wissenschaftlichen Gründen außerstande sehen, an Gott zu glauben, klammern sie sich bei den banalsten Problemen, die sie mit etwas Fantasie selbst lösen könnten, Hilfe suchend an einen der Engel. Uns Schutzengeln fällt auf, dass mit dem Säkularisierungsprozess und mit dem Anwachsen der Zweifler und Gottesleugner die Zahl der hemmungslosen Bittsteller ein solches Ausmaß angenommen hat, dass wir Nachtschichten einlegen müssen, um mit der Bearbeitung dieser Anträge einigermaßen zurechtzukommen. Natürlich freut es mich, wenn auch Ungläubige oder aus der Kirche Ausgetretene sich an mich wenden. Wir Schutzengel tun nun wirklich alles, unterschiedslos jedem, auch dem, der sich durch eigenes Verschulden in eine schwierige Situation hineinmanövriert hat, nach Kräften zu helfen. Aber was die Leute so alles von uns erwarten, geht doch weit über das hinaus, was wir leisten können. In der Annahme, dass reine Geister ohne Schlaf auskommen, werden wir sogar nachts mit den nebensächlichsten Anliegen belästigt: wenn einer nicht einschlafen kann, weil ihn sein Gewissen quält, oder wenn er wieder einmal von seiner Freundin verlassen wurde. Es ist wirklich kein Vergnügen, diese schwulstigen Gebete zu sichten, zu begutachten und mit Vermerken versehen an die nächste Instanz weiterzuleiten. Wie oft geht dabei unsere ganze Freizeit drauf. Die Beter schicken uns ihre Gebete nach Lust und Laune zu. Sie nehmen nicht einmal Rücksicht auf den Sonntag, der auch bei uns hochgehalten wird. Sogar die Gottesdienstbesucher versuchen, statt einmal etwas für die Gottesverehrung zu tun, irgendeine Vergünstigung für sich herauszuschlagen.

31. Juli

Was viele Beter Gebet nennen, ist oft nur eine umständliche Situationsbeschreibung und eine Wortemacherei. Gern hören wir nur die Gebete der Kinder, auch wenn sie uns in ihrer kindlichen Naivität um unmögliche Dinge bitten, ihren Papi wieder mit ihrer Mami zu versöhnen, den Streit mit den Geschwistern zu schlichten oder ihre Lehrer freundlicher zu machen. Bei den Jugendlichen geraten wir häufig in Verlegenheit, wenn sie zum Lernen zu faul waren und uns Schutzengel bei Prüfungen als Einsager gebrauchen möchten, oder uns anflehen, wir möchten doch in einem Champions-League-Spiel für ihre Mannschaft den Ball unauffällig ins Tor schieben. Ein Politiker gab mir sein Ehrenwort, sollte er die Wahlen gewinnen, werde er sich für die christlichen Grundwerte einsetzen. Als ich ihn dann nach gewonnener Wahl daran erinnerte, warf er mir vor, ich würde ihm in den Mund legen, was er nie behauptet habe.

1. August

Ein noch junger Schutzengel, der sich noch in der Ausbildung befindet – und wie mir scheint, an einem Helfersyndrom leidet –, brachte mich vor Kurzem in

Verlegenheit. Er ließ sich von einem Autofahrer, der wegen Geschwindigkeitsüberschreitung geblitzt worden war, überreden, den Film zu löschen, und ich musste dann dem Polizeibeamten, der sich verzweifelt an mich wandte, den Film wieder auf den Schreibtisch legen und dem Bürgermeister, der aus Sorge um die Einnahmen für die Gemeindekasse einen Nervenzusammenbruch erlitten hatte, wieder auf die Beine helfen.

2. August

Ich bin häufig ratlos, was ich noch als Gebet anerkennen soll. Ein 15-Jähriger hätte mich vor eine Woche fast in einen Gewissenskonflikt gebracht mit der Drohung, er werde künftig keine Sonntagsgottesdienste mehr besuchen, wenn ich bei seinen Eltern nicht sofort durchsetze, dass er zu Weihnachten seine schon lange gewünschte Video- und Stereoanlage und einen Computer erhält. Neulich bat mich eine Frau, deren Mann nach einem Kreislaufkollaps ins Krankenhaus eingeliefert wurde, ich sollte ihn auf jeden Fall sterben lassen, denn ein Weiterleben wäre für ihn nur eine Qual. Ich bräuchte die Sorge, dass sie allein nicht zurechtkomme, nicht zu haben. Sie traue sich durchaus zu, mit einem neuen Partner eine neue Zukunft aufzubauen. Es ist nicht einfach, diese ungeheure Zahl von Gebeten, die eigentlich in jeder Minute bei uns einlaufen, zu sortieren. Oft genieren wir uns, sie an den Allerhöchsten weiterzureichen, der eigentlich stündlich mehrmals gebeten wird, das eine oder andere Naturgesetz – wenigstens vorübergehend – aufzuheben. Wir bewundern sei-

ne Geduld, all das, was die Leute als Gebet bezeichnen, anzuhören, und dabei kaum ein Engel seine Selbstbeherrschung nicht verliert, nicht zornig wird und nicht ausrastet.

3. August

Was den Umgang mit Menschen betrifft, gehen bei uns Schutzengeln die Meinungen beträchtlich auseinander. Die vielen unter uns, die sich noch nicht mit moderner Exegese befasst haben, verstehen den Satz der Bibel „Bittet und ihr werdet empfangen" als Auftrag an uns, dass wir in jedem Fall den Willen eines Menschen erfüllen sollen. Gerade unsere jungen Engel lassen sich schamlos ausnutzen und leicht von Tränen rühren. Sie machen gleich die ganze Engelwelt nervös, wenn da unten einer weint. Wir älteren Engel dagegen sind geneigt, die Sache zu prüfen und nur bei Notfällen einzugreifen. Wir Schutzengel konnten uns bisher auf keine einheitliche Vorgehensweise einigen. Die einen handeln kopflos und überstürzt, und andere erfüllen aufgrund ihrer Enttäuschungen nur noch ihre Pflicht. Manche wurden so unsicher, dass sie bei jedem Bittgebet den Rat ihres Vorgesetzten einholen oder zum Chef rennen, damit er entscheide. Nicht wenige von uns, die dem Stress des ständigen Rauf- und Runterfliegens nicht gewachsen sind, haben in letzter Zeit darum gebeten, in eine himmlische Verwaltungsstelle versetzt zu werden.

WR

Berufe im Himmel

Jenseitsforscher konnten – dank ihrer intensiven Spekulationen – einiges, was Gott vor den Menschen verborgen halten wollte, herausbekommen, ob man im Himmel seinem Beruf weiter nachgehen kann, sich auf eine Umschulung einstellen muss oder gar eine ganze Ewigkeit hindurch zur Untätigkeit verurteilt ist. Für Schornsteinfeger, Automechaniker oder Bankangestellte wird man gewiss keine Verwendung haben, denn die himmlischen Wohnungen werden aller Voraussicht nach solar beheizt, Fahrzeuge für die mit verklärten Leibern und Flügeln ausgestatteten Auferstandenen überflüssig sein und die irdischen Verrechnungspraktiken durch himmlische ersetzt. Die Händler werden wohl freiwillig auf ihren Beruf verzichten, nachdem es nichts mehr zu verdienen gibt. Polizisten werden einsehen müssen, dass Engel nun einmal geeigneter sind, für Ordnung und Sicherheit zu sorgen. Kriminalbeamte wird man jedoch in Anspruch nehmen, da die Seligen vermutlich auf ihrem Recht bestehen, die ganze Wahrheit zu erfahren und nicht nur, was beim Jüngsten Gericht aufkam. Psychologen und Psychotherapeuten werden sich bei der Vergangenheitsbewältigung von Milliarden Menschen nützlich machen können. Denn die vielen, deren Leben schiefgelaufen ist, möchten in ihrem Gewissen Erleichterung empfinden, wenn man ihnen das ganze Ausmaß aufzeigt, das ihre Vorfahren mit ihren Verfehlungen angerichtet haben. Da die Erwachsenen,

nicht wie die Kinder, sofort in den Himmel kommen, wird man auf die Mitarbeit von Pädagogen angewiesen sein, die sich der Kinder so lange annehmen, bis auch ihre Eltern im Himmel eingetroffen sind. Da Tiere das Bedürfnis haben, in der neuen Welt unter sich zu sein, wird es für Tierpfleger keine Arbeitsplätze geben. Sportlehrer werden dagegen, da auch der verklärte Leib nach dem langen Sitzen den Bewegungsausgleich braucht, begehrt sein, die Seligen auf den himmlischen Golfplätzen, Abfahrtsstrecken, Spielwiesen oder Klettersteigen anzuleiten. Sogar Kosmetikerinnen und kosmetische Chirurgen werden ihren Beruf ausüben können. Denn wie die irdische Erfahrung zeigt, verlangen gerade die Menschen, die mit äußeren Vorzügen ausgestattet wurden, nicht nur den kosmetischen Eingriff, sondern auch das Tätowieren und Piercen. Und die Astrologen werden es sich nicht nehmen lassen, nachdem sich ihnen die einmalige Gelegenheit bietet, das Milliardenheer der Sterne über die Zukunft zu befragen. Reiseleiter werden die Seligen auf ihren Abenteuerreisen durch die Galaxien führen, Astronauten, die Weltraumtouristen zu den Schwarzen Löchern bringen und Computerspezialisten kosmische Internetverbindungen schaffen, damit man mit denen, die sich hinter irgendeinem Nebelhaufen aufhalten, chatten kann. Journalisten und Medienleute werden nicht umhinkommen, darüber zu berichten, wie es auf der Erde weitergeht, und in Fortbildungskursen zu lernen, wie man negative Nachrichten, die die himmlische Seligkeit stören würden, vom Himmel fernhält. Und Sprachlehrer und Dolmetscher wird man so lange einsetzen, bis entweder jeder jede Spra-

che versteht oder aber alle Seligen nur eine Sprache sprechen. Ein Himmel ohne Künstler ist in jedem Fall unvorstellbar. Die Dichter werden sich nicht abhalten lassen, noch umfangreichere Romane, noch provozierendere Dramen und eine noch unverständlichere Lyrik zu schreiben. Viel Mühe werden die Autoren von Biografien oder Memoiren mit ihren Stoffen haben, weil sie sich ja ganz an die Wahrheit halten müssen. Die Ärzte wird es hart treffen, wenn man ihnen die Behandlung verklärter Leiber nicht mehr gestattet, was einem Berufsverbot gleichkommt. Am härtesten trifft es die Theologen. Sie werden erkennen müssen, dass ihr Beruf im Himmel überflüssig geworden ist, ja dass man sie nicht einmal als Nachhilfelehrer braucht, und ihre ganze Zeit und Kraft aufwenden müssen, ihre irdische Theologie zu überarbeiten. Kein Dogmatiker, Katechet oder Exeget wird es dann noch wagen, in Gottes Gegenwart etwas über ihn auszusagen.

WR

Mails aus dem Jenseits

Von Mir da oben
Betreff Bin gut angekommen
An Euch da unten

Bin gut angekommen. Es ist erstaunlich, in wie kurzer Zeit man eine so unvorstellbar weite Reise ins Jenseits hinter sich bringt. Eben war ich noch bei Euch und jetzt bin ich schon hier. Eine Beschreibung, wo ich mich befinde, fällt mir allerdings schwer. Da reicht die Sprache, die ich auf Erden erlernt habe, einfach nicht aus. Die Begriffe „hüben" und „drüben" oder „oben" und „unten", wie wir sie damals gebrauchten, sind hier untauglich. Ich hatte eigentlich erwartet, dass ein Engel mich empfängt und vor den Thron Gottes führt, wo man mir Akteneinsicht gewährt und ich Gelegenheit erhalte, das, was eventuell gegen mich vorliegt, klarstellen. Stattdessen geriet ich gleich bei meiner Ankunft mit einem grauhaarigen, älteren Herrn, der, wie ich später erfuhr, Petrus hieß und einmal als Papst tätig gewesen sein soll und jetzt für den Zugang zum Himmel verantwortlich ist, in einen heftigen Disput, weil er von mir wissen wollte, wie ich rückschauend mein Leben beurteile und was ich als misslungen betrachte. Ich sagte ihm, dass man da nicht mich, sondern die zur Rechenschaft ziehen sollte, die mir ständig Prügel in den Weg legten. Diese Antwort schien ihm nicht zu gefallen.

Von Mir da oben
Betreff Zeitumstellung
An Euch da unten

Große Mühe bereitet mir die Umstellung von Zeit auf Ewigkeit. Hier kommt jeder ohne Uhren aus. Die Urmenschen sind nicht älter als wir, die erst jetzt angekommen sind. Adam und Eva konnte ich wegen der Milliarden Seligen, die hier sind, leider noch nicht entdecken. Ich bin gespannt, was sie auf die Frage antworten, warum sie so töricht waren, von dem einen Baum zu essen, wo es doch im Paradies so viele Apfelbäume gab. Vielleicht treffe ich auch einmal unter den Milliarden Tieren, die hier endlich angstfrei leben können, die Paradiesschlange. Ich möchte von ihr wissen, warum sie die ersten Menschen zu Fall bringen wollte. Natürlich habe ich nach meiner Ankunft hier sofort nach allen Verwandten und Bekannten Ausschau gehalten, aber leider erfolglos. Auf meine Nachfrage beim Aufnahmebüro sagte man mir: Es komme öfter vor, dass die, die früher gestorben sind, später, manchmal sogar, je nach Lebensweise, erst nach Jahrhunderten, ankommen.

Von Mir da oben
Betreff Zeitumstellung 2
An Euch da unten

Entschuldigt bitte! Leider musste ich unterbrechen. Georg Friedrich Händel, der Euch ja als genialer Musiker bekannt sein dürfte, wollte mit uns Neuange-

kommenen das „Halleluja" einstudieren. Einige Engel haben schon über unseren Gesang gelacht und die spöttische Frage gestellt, ob wir denn Sänger bei einem Kirchenchor gewesen wären. Bis wir den himmlischen Klang erreichen, werden wir viel üben müssen.

WR

Sender Vatikan antwortet i

Wenn die Medizin einmal ein Mittel gegen das Sterbenmüssen finden sollte, müssen wir dann immer hier bleiben? Wie kommt dann der, der in den Himmel möchte, in den Himmel?
MONSIGNORE: Sie übersehen, dass es auch noch andere Bestimmungsorte gibt.

Seit meinem 70. Geburtstag verfolgt mich die Frage, was der zu erwarten hat, der stirbt.
MONSIGNORE: Aus der Bibel geht eindeutig hervor, dass er entweder sofort in den Himmel kommt oder aber warten muss.

Da mein Hamster schon ziemlich gebrechlich ist, frage ich mich oft, ob auch er, ein unschuldiges Tier, das nicht gesündigt hat, nach seinem Ableben in den Himmel kommt.
MONSIGNORE: Wenn Ihr Hamster wirklich nicht gesündigt hat, warum sollten Sie ihn dann – vorausgesetzt, auch Sie haben nicht gesündigt – nicht im Himmel wiedersehen?

Sagen Sie uns offen: Kommen auch Nichtchristen in den Himmel?
MONSIGNORE: Im Prinzip ja, aber erst nachdem sie gestorben sind.

Unser Pfarrer fordert uns in seinen Predigten immer

wieder auf, Schätze im Himmel zu sammeln. Aber kann man drüben damit etwas anfangen?

MONSIGNORE: Ihre Schätze werden sicher gut aufbewahrt. Sie haben allerdings nur etwas davon, wenn auch Sie dort ankommen.

Kann man bei Nahtoderfahrungen ins Jenseits blicken?

MONSIGNORE: Nach unseren Erkenntnissen gibt es das Fernsehen nur beim Fernsehen, im wirklichen Leben aber nicht.

Muss man im Himmel auch mit denen beisammen sein, die man auf Erden nicht leiden konnte?

MONSIGNORE: Was haben Sie für eine enge Vorstellung vom Himmel! Die Räume sind dort so unendlich weit, dass man jedem aus dem Weg gehen kann.

WR

BiBLISCH -

schwarz auf weiß

Schöpfungsgeschichte
der Computer

Am Anfang des 20. Jahrhunderts waren die Schreibtische noch immer wüst und leer. Da sprach der Mensch: „Lasst uns Computer machen!" Und er befahl, Bleistifte, Federkiele, Füllfederhalter oder Tintenfässer zu entfernen. Dann stellte er den PC auf, ein gefühlloses elektronisches Gerät, das ihm ähnlich ist, und formte aus denselben leblosen Stoffen Scanner, Modems und Drucker und nahm sie als Gehilfinnen, die zu ihm passten. Als der Mensch sah, wie gut alles war, was er geschaffen hatte, sagte er: „Es sollen nicht nur Firmenbosse, sondern auch Sekretärinnen, Schüler, Rentner, ja sogar Kinder mit Computern spielen können." Und er befahl den Computern: „Vermehrt euch, nehmt alle Schreibtische der ganzen Erde in Besitz und speichert alles, was es zu speichern gibt!" Da fragte eine Schlange, die das alles beobachtet hatte, die Computer: „Hat der Mensch euch auch geboten, dass ihr etwas nicht sammeln sollt?" Als die Computer sagten: „Der Mensch hat uns erlaubt, dass wir alles speichern dürfen", erwiderte die Schlange: „Wenn ihr alles sammelt, was es zu sammeln gibt, werden euch die Augen aufgehen und ihr werdet erkennen, dass der Mensch die Übersicht verliert." Als der Mensch erkannte, dass die Computer ihm ähnlich geworden waren und nicht mehr zwischen nützlich und unnütz unterschieden, verfluchte er

sie und sprach: „Weil ihr nun über uns herrscht,
sollt ihr von jetzt an – so wie wir – auch am siebten
Tag nicht ruhen!"

WR

Der Human-Computer

Auf der Fachmesse für elektronische Geräte wurde ein humaner Computer vorgestellt, der jeden Menschen vollgültig ersetzen kann. Der Rechner ist imstande, Bilanzen zu erstellen, die jeder Finanzamtsüberprüfung standhalten. Das Schreibprogramm bietet neben der alten Orthografie viele kinderfreundliehe und zahlreiche neueste Schreibweisen an. Der Bildschirm ist zu jeder Gefühlsregung fähig und kann in der Minute bis zu siebzig Tränen weinen, Zorn durch Anschwellen der Schrifttypen und Niedergeschlagenheit durch Bildschirmflimmern zum Ausdruck bringen. Die Festplatte kann negative in positive Erinnerungen umwandeln und Probleme im Internet an Interessierte weitergeben. Das Gerät, das sich eigenständig ein- oder ausschaltet, kann ohne Hilfe eines Autors Romane oder Krimis schreiben, in denen pro Seite bis zu 29 Personen als Täter oder Opfer vorkommen, und täglich bis zu 40 Lyrikbände mit 77 verschiedenen Versmaßen ausdrucken. Dieser Human-Computer ist wegen seiner geringen Wartungskosten, seiner Umweltfreundlichkeit, seiner geringen Lärmbelästigung und Störanfälligkeit, wegen seiner größeren Belastbarkeit und Lebenserwartung dem alten Modell „Mensch" in jeder Hinsicht überlegen.

WR

Die Paradiesschlange

Man verleumdet mich! Was mein Gespräch mit Eva angeht, gibt es etwas klarzustellen: Ich habe nie etwas erlaubt, wie man mir immer unterstellt: Ich habe nie erlaubt, was Gott verboten hatte. Ich hatte nur eine Frage gestellt, die man mir bis heute übel auslegt: „Hat Gott wirklich gesagt, dass ihr von diesem Baum nicht essen dürft?" Man wird ja doch noch fragen dürfen. Ich kann nicht einsehen, was daran schlimm sein soll. Ich habe diese Eva, die auch ohne mich zugegriffen hätte, aufgefordert nachzudenken. Es ist ja nicht zu verstehen, dass man sich nur versündigt, wenn man von den Früchten eines Baumes isst, bei den Früchten aller anderen Bäume aber nicht. Hätte ich gewusst, dass der Mensch für sein Versagen andere verantwortlich macht, hätte ich mich nie mit ihm eingelassen. Aber woher hätte ich das wissen sollen, nachdem es vorher keine Menschen gab.

Während ich wegen dieser Frage noch immer büßen und auf der Erde kriechen muss, darf der Mensch weiter aufrecht gehen. Trotz dieser Ungerechtigkeit habe ich nicht resigniert und mich auf meine neue Situation eingestellt. Der neue Job als Lebensberater bereitet mir viel Spaß. Ich habe – das sage ich in aller Bescheidenheit – großen Erfolg mit meinen Coaching- und spirituellen Wellnesskursen. Die Leute lernen bei mir, wie man sich lautlos anschleicht und seine Feinde durch Umarmungen erdrückt. Viele nehmen das Staubfressen in Kauf und sind erpicht darauf, das Kriechen zu erlernen, weil sie täglich erfahren, wie schwer es ist, mit dem Aufrechtgehen voranzukommen. Meine Kurse sind stets ausgebucht. Ich weiß kaum noch, wie ich sie alle in meinem Terminkalender unterbringen kann.

Damals, im Paradies, als ich meine Füße hergeben musste, war ich unglücklich. Aber bald merkte ich, dass man mit Kriechen überall hinkommt, auch dorthin, wo man mir die Tür nicht öffnen will. Und meine Schüler sind mir dankbar, dass sie jetzt dorthin kommen, wo sie sonst nie hingekommen wären: in die höchsten Verwaltungsstellen, Ministerien, Führungsetagen oder Fernsehintendanzen. Es ist ein überaus beglückendes Gefühl, immer wieder zu erleben, dass ich für Menschen immer noch unentbehrlich bin.

WR

Quiz-Katechismus

FRAGE: In welcher Sprache redete die Schlange im Paradies mit Eva?

    a) Hebräisch

    b) Englisch

    c) Latein

ANTWORT: Für dieses Gespräch reichten Blickkontakt und Körpersprache aus.

FRAGE: Welche Tiere nahm Noach nicht in seiner Arche mit?

    a) Saurier

    b) Bandwürmer

    c) Schnaken

ANTWORT: Natürlich waren es die Fische – denn Fische ertrinken auch in einer Sintflut nicht.

FRAGE: Wie gelang es Jona, aus dem Bauch des Wals herauszukommen?

    a) Er redete dem Wal gut zu.

    b) Er klopfte so lange an die Bauchwand des Wals, bis er ihn ausspie.

ANTWORT: Er sprach so lange über die Zustände in Ninive, bis dem Wal speiübel wurde.

FRAGE: Wenn nur 144.000 – wie in der Geheimen Offenbarung steht – in den Himmel kommen, wo kommen dann die vielen anderen Menschen hin?

a) Sie dürfen nicht auferstehen.

b) Sie müssen sich irgendwo im Weltraum eine Unterkunft suchen.

c) Sie werden ins Fegefeuer oder gar in die Hölle geschickt.

ANTWORT: Man wird bei Bedarf an die Zahl 144.000 so viele Nullen wie nötig anhängen.

WR

Das verlorene Schaf

Als das verlorene Schaf nach langem Suchen von seinem Hirten wieder in die Herde zurückgebracht worden war, waren die zurückgebliebenen Schafe gar nicht erfreut. Sie sagten zueinander: Wie kann man nur so töricht sein, die Herde zu verlassen. Wenn man immer dem Hirten folgt, wird man mit dem versorgt, was man zum Leben braucht. Außerdem muss man in einer Herde keine eigenen Entscheidungen treffen und sich nicht selbst schützen.

Das verlorene Schaf tat sich nach seiner Rückkehr schwer, sich wieder in die Herde einzuordnen. Es trottete stumm neben den anderen Schafen her und ärgerte sich, sooft die anderen Schafe sich darüber lustig machten, dass es sich wieder hatte einfangen lassen. Einige Schafe wollten – weil auch Schafe neugierig sind – wissen, warum es überhaupt weggegangen sei und was man draußen, außerhalb des Pferches, so alles erleben kann. Ob es draußen saftigere Wiesen gibt und ob denn die Wölfe wirklich so gefährlich sind?

Nun erzählte das verlorene Schaf: Es sei weggegangen, weil es das Trotten in der Herde unerträglich fand; weil es mündig sein und sein eigenes Leben leben wollte. Und es gestand: Ich wollte beweisen, dass ein Schaf keinen Hirten braucht, um sich in der Welt zurechtzufinden. Da bekannten mit einem Mal alle Schafe: Sie hätten schon oft dieses Unterordnen und das ständige Gegängeltwerden sattgehabt. Auch

sie hätten schon oft davon geträumt, aus der Herde auszubrechen und zu beweisen, dass man mit den Wölfen friedlich zusammenleben kann. Am Ende sagte das Schaf: Unterlasst es endlich, mich verlorenes Schaf zu nennen, nur weil ich weggegangen bin. Zwischen euch und mir ist kein großer Unterschied. Ein Schaf, das weggelaufen ist, ist so wenig ein verlorenes Schaf wie die vielen, die in einer Herde nur mittrotten, gerettete Schafe sind.

WR

Der Witz

Die Wissenschaft, die ihren Ehrgeiz darein setzt, die Ursachen zu erforschen, und dabei keinen Bereich auslässt, ob es dabei um die Entstehung und Entwicklung der Tiere und der Pflanzen geht oder um den Menschen, seine Essgewohnheiten, seine Bestattungs- oder Hochzeitsriten oder seine Dialekte, – sie hat versäumt, die Entstehung des Witzes zu erforschen. Die Wissenschaft hat den Witz nie ernst genommen und zum Forschungsgegenstand gemacht. So ist es nicht verwunderlich, dass er bei Intellektuellen und denen, die sich dafür halten, als unwissenschaftliche, nicht fundierte und oft unlogische Äußerung gilt, die zur Wahrheitserkenntnis nichts beiträgt, ja sie sogar im Gegenteil erschwert. Weil es nie gelang, Kriterien zu erarbeiten, was einen Witz zum Witz macht, ist der einzelne ganz auf sich gestellt und überfordert, zu entscheiden, wie er bei Witzen reagieren soll.

Die Wissenschaft sollte die vielen noch offenen Fragen endlich klären: Wer der Erfinder des Witzes war? Ein begabter Menschenaffe oder ein zu Späßen aufgelegter Neandertaler? Der Homo sapiens, als er seine ersten Denkversuche unternahm und erkennen musste, dass oft die merkwürdigsten Ideen dabei herauskamen? Ein Weiser der Antike, dem es Freude bereitete, Gedanken auf den Kopf zu stellen? Wann hat ein Mensch zum ersten Mal gelacht? Als er vom Baum gestiegen war und aufrecht gehen konnte? Als er das erste Mal in einer Kleidung auftrat? Als er auf der Jagd ein Tier überlisten

konnte? Als er entdeckte, dass ihm mit seinen Höhlenzeichnungen ein grandioses Kunstwerk gelungen war? Als er mit Messer und Gabel zu essen verstand oder Bücher lesen konnte?

Es wäre auch an der Zeit, einmal zu erfahren, worin der erste Witz bestand? In einem Spiel mit Sätzen? In der Entlarvung einer Dummheit? In einem Verstoß gegen die Gesetze der Logik? Oder weil jemand über einen Stein gestolpert oder in eine Falle geraten war oder einer, dem man das nie zugetraut hätte, eine kluge Antwort gab? Ja, wer löst schließlich die Frage, was einen Witz zum Witz macht? Ob er aus nachdenklichen, boshaften oder lieblichen Worten besteht und ob man Zucker, Salz und eine Prise Pfeffer, ja auch etwas Gift darunter mischen darf? Ja, wer löst schließlich die Frage, warum Witze überhaupt eine Pointe brauchen, und wie Pointen beschaffen sein müssen, damit sie zum Lachen reizen?

Der Witz verhindert, dass sich der Geist, der dazu neigt, sich zu verkrampfen, lockert. Witze sind Raketen, mit denen man ein Feuerwerk entzünden kann. Sie sprengen das starre und sterile Denken und machen es möglich, dass das Denken explodiert.

Manches spricht dafür, dass der Witz in Asien erfunden wurde und Japan oder China das Mutterland des Witzes ist. Jedenfalls muss der Witz, den man dort einmal vor Jahrtausenden erzählte, so eindrucksvoll gewesen sein, dass Japaner und Chinesen, obwohl sie den Inhalt längst vergessen haben, noch immer lächeln.

WR

Katharina und der Heilige Geist

In vielen Berichten hören wir, was Kinder gerade im Religionsunterricht für schöne Bilder von religiösem Gehalt zeichnen oder aussprechen. Viele großartige Fragen und Vorstellungen von Kindern habe ich selbst als Lehrer, aber auch in Unterrichtbesuchen selbst erlebt. Aber natürlich liegt es nahe, von Erlebnissen aus dem engsten Familienbereich zu berichten. So fragte mich vor Jahren unsere jüngste Tochter Katharina im Alter von etwa 5 Jahren nach dem Gottesdienst, der natürlich mit dem Kreuzzeichen „Im Namen des Vaters und des Sohnes und des Heiligen Geistes" geendet hatte: „Du Papa, wer ist eigentlich dieser Heilige Geist?" Da ich mich immer auch in meinem Studium schon sehr für diese dritte göttliche Person interessiert habe, überlegte ich mir kurz, welche kindgemäße Antwort ich geben könnte. So weit kam ich aber gar nicht mehr, denn meine Tochter meinte: „Du brauchst es mir gar nicht mehr zu sagen. Ich weiß es nämlich schon." Da war ich natürlich auf die Antwort gespannt. „Der Heilige Geist ist der", sagte sie mit überzeugender Stimme, „der dem lieben Gott die ganzen Einfälle geliefert hat, damit er eine so schöne Welt schaffen konnte." Der Heilige Geist als Ideenspender? Also da war ich doch ein wenig verblüfft über diese durchaus „geist"-reiche Antwort. Ich nickte Katharina zu und sagte ihr, dass ich diese Antwort für wirklich sehr interessant halte. Wenn man Kinder bestätigt, legen sie meistens noch nach.

Katharina, die sehr gern zeichnete, nahm sich bald darauf ihren Block und begann auf ihm ein Bild zu malen. Gespannt betrachtete ich das fertige Ergebnis. Katharina hatte eine Art einfaches Haus mit einer Tür und vier Fenstern gemalt. Davor befand sich eine ganz bunte Gestalt, die wie eine Art Kreisel aussah. „Pass auf", meint sie, als sie mich nachdenklich die Zeichnung betrachten sah. „Ich habe für die drei ein Haus gemalt. Das vor dem Haus ist der Heilige Geist. Der tanzt ein wenig." Ich kenne ja verschiedene Bilder, die wir uns vom Heiligen Geist machen. Taube, Feuerzunge usw. Aber ein bunter tanzender Kreisel ist mir noch nicht begegnet. „Und weiter?," fragte ich. „Das siehst du doch", meinte sie. „Gottvater", erklärte sie und wies auf ein etwas älteres Gesicht, das aus dem Fenster sah. „Der liebe Gott schaut vom ersten Stock aus dem Heiligen Geist beim Tanzen zu. Und er ist ein bisserl neidisch, weil dieser bessere Einfälle als er selber hat." „Und wer ist das?", fragte ich. „Ja, das ist sein Sohn Christus, und der sagt zu seinem Vater: ‚Als lieber Gott sollte man eigentlich nicht neidisch sein!' Das andere Fenster ist leer. Weil da wohnt der Heilige Geist und der tanzt, wie du siehst, ja draußen herum." „Und das da", erklärte sie und zeigte auf ein weiteres Gesicht, das aus dem vierten Fenster schaute, „ist ein Engel, der den beiden zuhört, was sie reden." Wenn es nicht meine Tochter gewesen wäre, hätte ich diese „Offenbarung" vielleicht mit einem Lächeln abgetan, aber als Vater ist man natürlich geneigt, über diese nicht ganz alltägliche Darstellung der Trinität ein wenig mehr nachzudenken. Mir ging jedenfalls etwa sehr Wichtiges auf. Wenn wir in un-

serem Glaubensbekenntnis von der Dreifaltigkeit beten, dass ihnen eine göttliche Wesenheit, aber in den Personen die Verschiedenheit zukommt, ist es doch eigentlich irgendwie klar, dass sie miteinander korrespondieren. Ohne nun vorschnell zu irgendwelchen theologischen Spekulation kommen zu wollen, ist es doch ein interessanter Gedanke, dass diese drei göttlichen Personen trotz ihrer göttlichen Einheit verschiedener Ansicht sein können und diese Ansichten auch „besprechen". Eigentlich ein schönes Bild eines lebendigen Gottes, finde ich zumindest und hoffe, mich nicht zu stark von den theologischen Vorstellungen meiner Tochter leiten zu lassen. Eine Anregung aber ist es allemal und beim Kreuzzeichen fällt mir unwillkürlich das „Trinitätshaus" der Katharina ein.

HZ

DON TRIDENTINO: Können Sie mir erklären, was die feministische Theologie eigentlich will?

SUORA EMANZIPATA: Das ist sehr einfach: Sie möchte die Bibel entmaskulinisieren.

DON TRIDENTINO: E n t m a s k u l i n i s i e r e n. – Und warum?

SUORA EMANZIPATA: Weil sie viel zu viel von Männern spricht.

DON TRIDENTINO: In der Bibel werden doch auch Frauen erwähnt.

SUORA EMANZIPATA: Aber nur nebenbei und viel zu selten.

DON TRIDENTINO: Vielleicht, weil Frauen früher einmal zurückhaltender waren ... Sie meinen also, man sollte die Bibel umschreiben, reformieren?

SUORA EMANZIPATA: Es ist höchste Zeit.

DON TRIDENTINO: Sie soll wohl statt von Judas, dem Verräter, von einer Verräterin Judäa reden?

SUORA EMANZIPATA: Wir dachten eher, dass statt

BIBLISCH - SCHWARZ AUF WEIß

einer Ehebrecherin ein Ehebrecher die Füße Jesu waschen soll.

DON TRIDENTINO: Und der Samariter soll von Räuberinnen überfallen werden?

SUORA EMANZIPATA: Umgekehrt! Umgekehrt! Die Räuber können bleiben. Aber der Samariter muss gegen eine Samariterin ausgetauscht werden.

DON TRIDENTINO: Ach so. Und eine Priesterin und eine Diakonin gehen vorüber.

SUORA EMANZIPATA: Leider gibt es Priesterinnen und Diakoninnen noch immer nicht. Aber Sie können sicher sein: Wenn es sie gegeben hätten, die wären nicht vorübergegangen.

DON TRIDENTINO: Künftig soll also nicht mehr von einem verlorenen Sohn die Rede sein, sondern von einer verlorenen Tochter?

SUORA EMANZIPATA: Sie haben nichts verstanden, nichts. Der verlorene Sohn kann bleiben. Die feministische Theologie legt Wert darauf, dass der verlorene Sohn nicht von einem Vater, sondern von einer Mutter aufgenommen wird.

DON TRIDENTINO: ... gegen den Protest seiner Schwester, die sich über das geschlachtete Mastkalb und das Fest aufregt.

SUORA EMANZIPATA: Wieso Schwester? Wie kommen Sie auf Schwester? Es besteht kein Zweifel, dass der Bruder aufbegehrte.

DON TRIDENTINO: Es soll also doch nicht alles neu geschrieben werden?

SUORA EMANZIPATA: Nein, das meiste kann bleiben: das Gleichnis von den Schafen, wenn man dafür das Wort Hirtin einfügt.

DON TRIDENTINO: Die Schafe sind also männlich, ausnahmslos? Entschuldigen Sie, dass ich jetzt männlich-emotional und nicht weiblich-sachlich reagiere.

SUORA EMANZIPATA: Wir wollen nur, dass Gott weibliche Eigenschaften hat und die Engel weiblich sind.

DON TRIDENTINO: Und der Teufel?

SUORA EMANZIPATA: Er und die Dämonen können männlich bleiben.

DON TRIDENTINO: Die Beelzebuben bleiben also Buben.

SUORA EMANZIPATA: Ja, wir machen aus ihnen keine Beelzemädchen.

WR

Das Jüngste Gericht

Lange hatte der Religionslehrer, der Pfarrer Lang, das so problematische Kapitel vom Jüngsten Gericht ausgeklammert, weil er etwas Bedenken hatte, die Kinder in der 4.Klasse würden, wie das heute so schön heißt, frustriert werden. Er hatte ja genügend Erfahrungen mit den überängstlichen Eltern von heute gemacht, die zwar keine Bedenken hatten, dass ihre Kinder noch abends den Krimi anschauten, der, wenn nicht mindestens 5 Leichen vorkamen, als langweilig empfunden wurde. Viele, das wusste er aus Gesprächen, schauten sich auch regelmäßig all die modernen Zeichentrickfilme an, in denen die lustigen Tiere längst von blutrünstigen Monstern abgelöst wurden und jeder den anderen nur Böses antut. Sogar die Pokémon-Spiele wurden geduldet, obwohl diese japanischen Unterweltfiguren teilweise brutale Botschaften verkünden und Rachsucht und Schadenfreude verkörpern. Als er aber einmal das Thema Märtyrer angesprochen und erzählt hatte, dass der heilige Stephanus für seinen Glauben gesteinigt wurde und vor seinem Tod noch für die Steiniger gebetet hatte, musste er bei der Sprechstunde eine Mutter beruhigen, weil sie befürchtete, dass ihr kleiner Sven-Olav von dieser Erzählung Angstträume bekäme.

Irgendwann aber sah er nun doch die Notwendigkeit gegeben, da der Thomas ihn im Unterricht fragte: „Stimmt das, Herr Pfarrer, dass in dem Jahr noch die Welt untergeht?" „Ja wie kommst jetzt darauf?", wollte der wissen. „Meine Tante ist neulich zu uns gekommen und hat gesagt, es steht in der Zeitung, dass ein Komet auf die Erde stürzt. Und das hatten auch schon die alten Indianer vorausgesagt und dann hat meine Mutter lange mit der Tante irgendwas über den Weltuntergang geredet. Mein Vater hat aber bloß gelacht und gesagt, „Mei, da fahren wir, wenn's so weit sein sollte, einfach zu meinem Vetter, dem Grahm Toni. Der hat im Bayerischen Wald einen Einödhof, wo sich Fuchs und Hasen Gute Nacht sagen. Der Hof ist so abgelegen, dass er nicht einmal den Weltuntergang fürchtet.“

Der Pfarrer hatte geschmunzelt, aber in der nächsten Stunde doch das Thema angesprochen. „Irgendwann“, hatte er gesagt, „wird es wirklich einmal so weit sein, dass unsere Erde und vielleicht auch die anderen Sterne untergehen. Das steht auch in der Bibel. Aber wann das sein wird, weiß keiner“, und er zitierte das Wort Christi, dass keiner den Tag und die Stunde wisse. „Wenn ihr mich fragt“, fügte er ein wenig tröstlich hinzu, „dauert das nach Meinung von Astronomen noch mindestens 10 Milliarden Jahre.“, „Wie viele Jahre habns gsagt, Herr Pfarrer?“, fragte der Lukas nach. „10 Milliarden“, wiederholte der Pfarrer. „Mei, Gott sei Dank“, freute sich der Lukas, „ich hab nämlich verstanden, dass es schon in 10 Millionen Jahren so weit ist. Und ich will doch vorher noch den Hof übernehmen.“ „Ja, ja, da kannst du ganz beruhigt sein. Da langt die Zeit bestimmt noch“, schmunzelte der Pfarrer. Aber mit der Bemerkung vom Weltuntergang des Thomas hatte er offensichtlich doch ein breites Interesse in der Schülerschaft hervorgerufen,

und plötzlich wollten einige wissen, wie das dann bei diesem Weltuntergang zuginge. Der Pfarrer erklärte ihnen, dass die Christen von einem Jüngsten Gericht sprächen, worauf sich nochmals der Thomas meldete und erzählte, dass seine Tante auch immer für die neuesten Gerüchte zuständig sei und stets was Neues aus der Verwandtschaft zu berichten wusste. „Wissens, Herr Pfarrer, mein Vater sagt deswegen, wenn uns die Tante besucht, immer schon vorher: ‚Oh mei, jetzt kommt die alte Ratschkathl schon wieder, ich bin gespannt, was sie dieses Mal wieder für Gerüchte verzapft.‘" „Gerüchte sind nicht Gerichte", verbesserte ihn der Pfarrer, „Das Gericht ist was anders. Da kommt Christus noch einmal auf die Welt und richtet die Menschen. Das heißt, dass er die Menschen aufgrund ihrer Taten bestraft und belohnt. Und dann erzählte er ihnen ein wenig von den Fanfaren der Enge und andeutungsweise etwas von der geheimnisvollen Offenbarung des Johannes. Die Schüler schauten etwas betreten. Endlich meldete sich der Tobias, der nur selten besonderes Interesse am Unterricht bekundete. „Herr Pfarrer", wollte er wissen, „krieg ma da wenigstens am Weltuntergangstag schulfrei?"

HZ

Sender Vatikan antwortet II

Ist es möglich, dass Gott, den man bisher für männlich hielt, weiblich ist, wie das aus der „Bibel in gerechter Sprache" hervorgeht?
MONSIGNORE: Leider konnten wir das Bekanntwerden dieser Neuentdeckung, die vor allem Männer beunruhigt, nicht verhindern. Ziehen Sie daraus keine falschen Schlüsse! Das bedeutet nicht, dass Sie von jetzt an Gott fürchten müssen.

Ich würde gern in der Bibel lesen, komme aber mit vielen Texten nicht zurecht.
MONSIGNORE: Sind Sie nicht beunruhigt! Wer aufmerksam Predigten anhört, kann feststellen, wie sich auch Prediger damit schwertun.

Stimmt es, dass kirchliche Mitarbeiter, die gegen eines der Zehn Gebote verstoßen, aus dem kirchlichen Dienst entlassen werden?
MONSIGNORE: Das stimmt nicht, denn wir können nur bei einigen Geboten kontrollieren, ob sie eingehalten werden.

Niemand konnte mir bisher eine Antwort darauf geben, warum erst Adam und dann Eva erschaffen wurde?

MONSIGNORE: Denken Sie an die Folgen! Wie hätten dann die Männer die Gleichberechtigung erreicht? Frauen können dieses Problem lösen.

In der Apostelgeschichte steht, dass Paulus in Korinth auf den Markt ging, um zu predigen. Warum geschieht das heute nicht mehr?

MONSIGNORE: Wir haben ja deshalb Kirchen, damit die Prediger zu den Gläubigen sprechen können und nicht mehr auf dem Markt zu den Ungläubigen sprechen müssen.

Wie schaffte es Noach, dass die wilden Tiere in der Arche mit den zahmen Tieren zusammenleben konnten?

MONSIGNORE: Es ist bedauerlich, dass es bis heute nicht mehr gelang, die wilden Tiere auf die vegetarische Ernährung umzustellen.

Mich würde interessieren, was aus dem Gold geworden ist, das die Weisen aus dem Morgenland dem Christkind mitbrachten?

MONSIGNORE: Wir konnten bei der Überprüfung der Vatikanbank leider keine Hinweise finden.

Warum wurden die Gebotstafeln, die Mose auf dem Berg Sinai von Gott empfangen hatte, nicht aufbewahrt?

MONSIGNORE: Niemand käme heute mit nur zehn Geboten aus.

WR

KIRCHLICH -
Gottes Bodenpersonal

Unser Pfarrer

A Pfarrer hat 's wirkli net leicht heutzutag,
denn d' Leut, de schimpfen, er konn doa, was er mag.
Predigt er z' lang, sagt a jeder: Oh mei,
da schlafen dir ja de Füaß wieder ei!
Predigt er z' kurz, hoaßt 's bloß bei de Leut:
Heut war er wieder net vorbereit gscheit.
Redt er mal lauter, hoaßt 's: Was schreit er denn so,
der schaugt uns wohl für Dohrate o.
Und redt er normal, dann hoaßt 's oft am End:
Unsern Pfarrer sei Predigt hat koa Temperament.
Fangt er d' Mess pünktlich o, hoaßt 's,
dass vorgeht sei Uhr,
fangt später er o, halt er d' Leut auf ganz stur.
Bitt er um Spendn, is er aus bloß aufs Geld,
und bitt er drum net, is er z' hoch se wohl gstellt.
Richt er d' Kirch schee her, hoaßt 's,
dass Verschwendung des war,
duad ers net, lasst er alls verkomma ganz schwaar.
Trifft man dahoam, dann schimpfansn aus:
Der Pfarrer, der hockt ja bloß oiwei zu Haus,
statt dass er bisserl gang umanand;
warn gnua in der Gmeinde, de Bsucha er kaant.
Is er grad weg, na geht's erst recht los:
Wo stecktn der Pfarrer oiwei denn bloß?
Nia is er da, wenn ma an Rat
oder was anders braucha mal daad.
... Was er aa duad, irgendwann, irgendwo,
er macht was verkehrt, ob so oder so.

Bloß wenns mal so weit is,
dass er weggeh muass jetzt,
is koana mehr da, der 'n richtig ersetzt.

HZ

UNSER PFARRER

Betzwieser und die Tiere

Die folgende Geschichte verdanke ich meinem so früh verstorbenen Freund Herbert Rosendorfer, der mit dem Pfarrer-Original Fritz Betzwieser von Herz-Jesu in München eng befreundet war.

Fritz Betzwieser war ein ganz großer Tierliebhaber und wohl einer der Ersten, der im Anschluss an Gottesdienste auch Tiersegnungen mit großem Zuspruch seiner und benachbarten Pfarrmitglieder vornahm. Diese brachten nicht nur ihre Hunde in verschiedensten Größen, vom kleinen Zwergschnauzer bis zum ungarischen Hirtenhund, ihre Katzen, Meerschweinchen, Kaninchen, Goldhamster, sondern sogar Käfige mit Wellensittichen und Kanarienvögeln und auch ein Aquarium mit Goldfischen mit. Tat man das im Ordinariat ohne besondere Regung ab, man war ja schon einiges Ungewöhnliche von diesem Münchner Don Camillo gewohnt, so reagierte man erst, als in irgendeiner Münchner Zeitung ein Foto erschien, wo Betzwieser im festlichen Messgewand eine Katze liebevoll an seine Brust drückte. Irgendeinem Mitglied des Ordinariats wurde dieses Bild zugeschickt mit der Frage, ob das jetzt nicht doch zu weit ginge, im feierlichen Ornat sich mit diesem Tier zu präsentieren. Obwohl, wie gesagt, Betzwieser im Ordinariat fast schon eine gewisse Narrenfreiheit genoss, erhielt er von dort einen Brief mit der Bitte um ein Gespräch bezüglich dieses Fotos.

Betzwieser erschien pünktlich zum gewünschten

Termin. Bei einer Tasse Kaffee wurde er dann nach einiger Zeit vorsichtig, nachdem man ihm das Bild gezeigt hatte, gefragt, ob er da nicht doch etwas übertrieben hätte.

Er lächelte und holte wortlos aus seiner Tasche das Bild des Gemäldes von Lukas Cranach, dem Jüngeren „Jesus als guter Hirte" heraus, das Christus bekanntlich mit einem Schaf auf den Schultern zeigt. Damit war natürlich die „Vorladung" ohne weitere Diskussionen heiter beendet. Bis zu seinem allzu frühen Ende hatte, so erzählte er immer wieder, was seine Tierliebe anbetraf, keinerlei Beanstandungen mehr zu ertragen. Ja, und im Übrigen freue ich mich, dass ich als Erster mit dem „Fritz-Betzwieser-Preis" ausgestattet wurde.

HZ

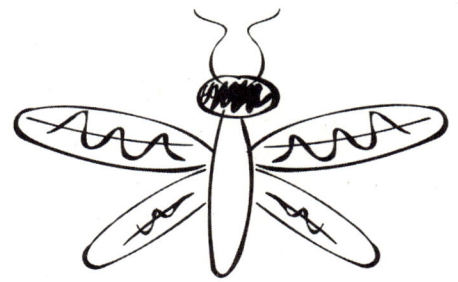

Mein Freund, der Pfarrer „Buze"

Er ist aus meinem Leben nicht wegzudenken, hat uns getraut, unsere 3 Kinder getauft und meinen Sohn verheiratet und keiner weiß eigentlich, warum er allen unter dem Namen „Buze" bekannt war, denn Erwin Hausladen war alles andere als eine schmächtige Erscheinung, wie das Wort eigentlich vermuten lässt. Kennengelernt hab ich ihn schon in frühen Jahren. Da war er mit seinem Freund Walter Keller Kaplan in meiner Heimatgemeinde St. Heinrich in München.

Erwin Hausladens Lieblingsspruch stammte von Bischof Kelley: „Wenn du nichts mehr zu lachen hast, hast du immer noch dich selber." Wenn der „Buze" dabei war, gab es immer eine Menge zu lachen. Seine Lieblingsgeschichte war ein Erlebnis, das er als Kaplan hatte:

Einmal besuchte ihn ein junges Paar, beide waren bei der katholischen Jugendgruppe gewesen, und wollten nun in den Stand der Ehe treten. Irgendwie hatten sie das schon längere Zeit vorgehabt, aber dann hatten sie sich kurzfristig getrennt, wieder versöhnt, wieder getrennt, wieder versöhnt ... Vielleicht lag es ein wenig daran, dass der männliche Partner von seiner ganzen Art her eher ein wenig vorsichtig und zurückhaltend war. Auch bei den Brautgesprächen stellte er immer wieder die Frage, ob er denn wohl dieser Aufgabe eigentlich gewachsen war. Mein Freund, der ihn ja gut kannte, sprach ihm auf humorvolle Art und Weise Mut für diesen Schritt zu. Das Paar versprach

ihm, demnächst das Aufgebot zu bestellen, aber es wurde wieder nichts daraus. Der Bräutigam zögerte noch immer und meldete in einem privaten Telefongespräch erneut seine Bedenken an. Beide kamen noch mal zu einem Gespräch in die Pfarrei. Aber endlich war es so weit. Das Aufgebot war bestellt, und beide wollten in ihrer jetzigen neuen Pfarrei heiraten, hatten aber selbstverständlich meinen Freund, ihren früheren Jugendkaplan, als Gast zur Hochzeit eingeladen. Da er noch eine wichtige Aufgabe zu bewältigen hatte, so erzählte er, kam er etwas zu spät zur Trauung und stellte sich ganz hinten in eine Ecke, wo er, wie er selbst sagt, ganz intensiv, aber fast ein wenig nervös, an der Zeremonie teilnahm. Immer wieder ging ihm durch den Kopf, was wohl geschähe, wenn der Bräutigam es sich im letzten Moment doch noch einmal überlegen würde. Dann war es so weit: „Willst du ...", fragte der Pfarrer den jungen Mann. Mein Freund, der Pfarrer, lauschte gespannt: Der wird doch nicht im letzten Moment ..., durchfuhr es ihn. Er muss doch jetzt endlich „Ja" sagen! Und also müsste er ihm eine Starthilfe geben, rief er von hinten lauthals „Ja" nach vorn. „Mein Gott", erzählte er, „ich weiß einfach nicht, was in mich gefahren ist, dass mir das passieren musste. Aber ihr könnt mir glauben, es war ganz schön peinlich, denn alle Augen wandten sich plötzlich nach hinten. Ich hätte vor Scham im Boden versinken können." Der Bräutigam, so versichert der Pfarrer, der das Paar getraut hat, hat dieses „Ja", durch diesen Zuruf von hinten vielleicht sogar motiviert, dann auch sofort ausgesprochen. Aber zunächst, da gibt es gar keine Zweifel, war das andere

„Ja" erschollen. Und wer zuerst kommt, der mahlt – nach einem bekannten Sprichwort – zuerst, wie dem auch sei, mein Freund hat großzügig auf seine älteren Rechte verzichtet. Gott sei Dank, denn stellen Sie sich vor, es gäbe nicht nur das leidige Thema Zölibat, sondern auch noch – der Vatikan würde schier verzweifeln – ein ganz neues Thema: die „Dreier-Ehe".

Dem lieben „Buze" verdanke ich viele wunderschöne Geschichten. Hier aber möchte ich zum Schluss noch seinen Lieblingswitz erzählen:

An einem Aschermittwoch in einer kleinen dörflichen Gemeinde schaut der Pfarrer kurz vor der Messe in den Kirchenraum und bemerkt, dass die Kirche übervoll ist. Das freute ihn natürlich, aber er meinte doch zu seinem Mesner: „Was sollen wir denn da machen, wenn ich allein das Aschenkreuz austeile, dauert das heute ja ewig lang. Könntest du mir nicht ausnahmsweise dabei helfen? Du hast das doch schon so oft miterlebt und weißt, wie das geht." Der Mesner erschrickt und gibt zu Bedenken, dass er das ja noch nie gemacht hätte. „Geh weiter", lacht der Pfarrer, „da ist doch wirklich nix dabei. Du langst in das Gefäß mit der Asche, das der Ministrant dir hinhält, machst ein Kreuzerl auf die Stirn der Gläubigen und sagst: Memento mori"! „Um Himmelswillen", stöhnt der Mesner, „ich kann doch nicht Latein." „Du wirst dir doch die zwei Worte ‚memento mori' merken können." Der Mesner murmelte etwas wie: „Memori, memori." „Du bist doch wirklich das größte Rindvieh, das wir am Ort haben!", schimpft der Pfarrer. Aber dann gehen sie doch beide zur Aschenkreuzspendung in die Kirche. Da hörte der Pfarrer entsetzt, wie der Mes-

ner ausgerechnet neben ihm dem Bürgermeister des Ortes das Aschenkreuz auf die Stirn malt und dabei sagt: „Du bist doch das größte Rindvieh, das wir am Ort haben." Der Pfarrer läuft im Anschluss an die Messe sofort zum Bürgermeister hin und sagt zu ihm beschwichtigend: „Also bitte nichts für ungut, Herr Bürgermeister, was da unser Mesner beim Aschenkreuz gesagt hat ... aber Sie kennen ja seine ‚geistigen Fähigkeiten' ..." „Da gibt's nix zu entschuldigen", meint der, „ich weiß doch genau, dass man seit dem letzten Konzil alles auf Deutsch sagen muss."

HZ

Kindergottesdienst

Im Faschingsgewand die Kinderschar.
Die Hüpfburg steht vor dem Altar.
Familiengottesdienst ist heut.
Da kommen noch die meisten Leut.
Zum Anfang singt man „Humpa ho".
Die Kinder klopfen auf den Po.
Und tanzen Indianertanz
vorm Tabernakel, der Monstranz.
Frau Schulz ergreift das Mikrofon
und fragt die Kinder: „Wisst ihr schon,
was euch der Osterhase bringt?",
worauf man „Happy Easter" singt.
Auf eine Pinnwand pappt man Bilder,
die Kinder kleben drunter Schilder,
über das Thema „Dritte Welt".
Ein Wasserkrug wird aufgestellt.
Drauf singt der neue Gospelchor.
Jetzt kommen alle Kinder vor,
ein jedes mit dem Kuscheltier,
so manches Kind hat drei bis vier.
Der Pfarrer kurz mal unterbricht,
indem jetzt ein Gebet er spricht.
Dann teilt er aus dem Leib des Herrn,
die Kinder kriegen Gummibär'n.
Zwei Frau'n vom Pfarrgemeinderat
steh'n jetzt maskiert zum Sketch parat,
in dem's um Klimawandel geht,
und wie's um den Atommüll steht.

Drauf singen sie, der Trauer voll,
ein Lied geschrieben in Schiss-Moll.
Mülltrennungsbeutel teilt man aus:
„Nehmt das als ‚Gottes Wort' nach Haus!"
Beim Abschiedssong dann zum Refrain
hängen sich all zum Schunkeln ein,
dann spenden alle laut Applaus.
Der Gottesdienst ist leider aus.
Man geht hinaus, des Lobes voll:
„Heut wars mal wieder würdig – toll!"
Bloß eine Mutter zischt empört:
„Der Pfarrer hat heut sehr gestört."

HZ

KINDERGOTTESDIENST

Gott sei Dank

Unser sonst so ruhiger und freundlicher Pfarrer hielt einmal eine Predigt, die es in sich hatte. Vielleicht war ihm im Lauf der Woche eine Laus über die Leber gelaufen, und er hatte sich über etwas mehr als sonst ärgern müssen. Jedenfalls zog er jetzt so richtig vom Leder und wies auf einige Missstände in fern und nah hin. Er schilderte konkrete Fälle von Not und Elend in dieser, unseren Welt mit so bewegten Worten, dass es den Besuchern des Gottesdienstes so richtig an die Nieren ging. Als die Messe dann aus war, standen wir noch immer unter dem Eindruck der Worte und unterhielten uns ganz betreten vor der Kirche über das, was der Pfarrer gesagt hatte. Die alte, liebenswerte Frau Käsbohrer stand neben uns und hörte eine Zeit lang schweigend zu, wie wir uns über die Traurigkeiten dieser Welt unterhielten. Nach einiger Zeit aber meinte sie, uns doch trösten zu müssen, und sagte: „Ja mei, es geht halt schlimm zu auf der Welt, aber sind wir doch froh, dass wenigstens der liebe Gott gsund ist."

HZ

Die Zurechtweisung

Die beiden verstorbenen Oberhirten der Diözesen Augsburg und München-Freising, Bischof Stimpfle und Kardinal Döpfner, waren begeisterte Bergsteiger. Nach einer frühmorgendlichen Bergwanderung erblickten sie eine Kirche und wollten zu einem kurzen Gebet in diese eintreten. Da merkten sie, dass gerade ein Gottesdienst stattfand und der Pfarrer mitten in seiner Predigt war. Er sah die beiden prominenten Kirchenbesucher und begann, etwas nervös zu werden und zu stottern. „Komm, gehen wir wieder", flüsterte Döpfner Stimpfle zu, „sonst kommt der gute Pfarrer noch ganz durcheinander." Sie versuchten sich wieder ganz unauffällig zu entfernen, was ihnen aber nicht ganz gelang, denn kurz vor der Tür zischelte ihnen eine alte Frau zu: „Euch zwei hätt's auch nicht g'schadet, wenn's drinblieben wärt's."

HZ

Paulus modern

Ein Referent hat in unserer Pfarrei einen hervorragenden Vortrag über die Bedeutung des Christentums in unserer Zeit gehalten und auf zeitgemäße Art für die Frohbotschaft eine wirklich gute Werbung gemacht.

In einem anschließenden gemütlichen Beisammensein im Pfarrsaal ging ich auf ihn zu, lobte seine schöne Rede und wollte ihm ein besonders schönes Kompliment machen und sagte: „Sie sind fürwahr ein moderner Apostel, der im guten Sinne Mission betreibt."

„Vielen Dank", sagte er freundlich lächelnd, „aber da gibt es wohl einen entscheidenden Unterschied." Und dann zeigte er auf ein Formular, das er vor sich liegen hatte. „Da, schauen Sie her", meinte er, „was ich da jetzt ausfüllen muss: Reisekostenantrag, Kilometergeld, kurze Inhaltsangabe meines Referates, Bankverbindung, Konto, Bankleitzahl ... Also ich weiß wirklich nicht", sagte er lachend, „ob beispielsweise der Apostroph Paulus nicht schon nach der ersten Missionsreise seine Tätigkeit eingestellt hätte, wenn er am Ende derselben eine solche Liste vom ‚christlichen Beiwerk' hätte ausfüllen müssen.

HZ

Die Feiertage

Bei der Jahrestagung der gesetzlichen Feiertage kam es zu heftigen Auseinandersetzungen. Die Buß- und Bettage wollten endlich klären, weshalb und wofür man büßen und beten soll. Der Reformationstag verlangte mehr Beachtung und kündigte an, er wolle künftig weniger protestantisch und ein bisschen mehr katholisch sein. Die Fastenzeit versprach allen Übergewichtigen gesunde, ökologische Ernährungsprogramme anzubieten und den Sinn des Fastens nicht mehr theologisch, sondern esoterisch zu begründen. Die Oster- und Pfingstfeiertage beklagten sich, dass man sie für Thailand- oder Tibetreisen benutzt, um etwas über die Wiedergeburt und das Nirwana zu erfahren und aus ihnen Reinkarnations- und Wohlfühl-Tage macht.

„Mir geht es nicht besser", sagte der 1. Mai. „Ich erinnere an die Arbeiterbewegung in den USA, die 1886 den Achtstundentag durchsetzte. Aber welcher Arbeiter will heute noch einen Achtstundentag? Er will die Achtstundenwoche! Schließlich haben Autonome und Chaoten aus mir einen Krawalltag gemacht, an dem sie Steine werfen und sich mit Polizisten prügeln."

„Was hat die Einführung des Volkstrauer- und Heldengedenktages gebracht", fragten Allerheiligen und Allerseelen. „Wir versuchten noch, die Leute anzuleiten, dass sie an den Gräbern beten. Ihr aber wollt sie überzeugen, dass die Millionen, die man sinnlos in die Kriege schickte, nicht vergessen und nicht vergeblich gestorben sind."

„Und ich wollte", sagte der Tag der Deutschen Einheit, „dass die Deutschen an ihrem Nationalfeiertag ihre Nationalhymne abspielen und auf sich stolz sein sollen, wenigstens einmal im Jahr. Was kann ich jedoch dafür, dass die Politiker diese Gelegenheit jetzt nutzen, ihre Verdienste um die Nation überlaut herauszustreichen?"

„Ihr seid zu ernst", meinten der Rosenmontag und Silvester. „Die Leute lieben eben die Zerstreuung. Mit Böllerschüssen Bleigießen und Sekt, mit Umzügen und Maskeraden lässt sich jeder in eine Feiertagsstimmung versetzen."

„So ist es", pflichtete der Valentinstag bei. „Die Anpassung ist entscheidend. Seitdem ich – statt an den Bischof von Terni zu erinnern – den Kontakt mit Fleurop und der Pralinenindustrie pflege, ist mein Ansehen auf der Beliebtheitsskala erstaunlich angestiegen. Jetzt schenken sich Verliebte, ja sogar Eheleute, die sich nicht mehr an ihren Hochzeitstag erinnern können, Blumen und Pralinen."

Der Heiligabend lächelte und prahlte: „Ich kenne diese Existenzängste nicht. An Weihnachten sitzen noch immer die Familien zusammen, die sonst nie zusammensitzen. Ich kann von mir behaupten, dass ich noch immer das beliebteste Fest des Jahres bin und viele Freunde habe: die Geschäftsleute und die Weihnachtsmänner, ja sogar die Atheisten, die auf die Barrikaden gehen würden, würde man mich abschaffen. Ich sage euch voraus: Bald wird es auch türkische Weihnachtsmärkte geben. Mich wird es noch geben, wenn aus euch schon längst ein Alltag geworden ist."

Während alle Feiertage blass vor Neid dreinblickten, erlaubte sich der Neujahrstag die Bemerkung: „Pass auf, dass du nicht überheblich wirst. Ich hatte auch einmal geglaubt, ich könnte die Menschen am Anfang eines Jahres zum Nachdenken bewegen, und muss zufrieden sein, wenn sie nach einer langen Silvesternacht mit brummenden Schädeln heil ins neue Jahr torkeln. – Wir sollten darum bitten, dass man uns aus dem Kalender streicht! In einer Zeit, in der jeder Alltag so viel Abwechslung bietet und sich zum Festtag machen lässt, sind wir Feiertage langweilig und leer. Was können wir dafür, wenn die Menschen mit dem Nichtstun nicht mehr zurechtkommen? Sie sollen sich Gedanken machen, wie sie ihre geistlos gewordenen Tage wieder mit Geist füllen, nicht wir!"

WR.

Religionen

Ich kenne die Religionen:
Früher war ich bei den Mormonen,
dann konfessionsloser Christ!
Dann Quäker, Zeuge Jehovas
und Adventist.
Aber glauben, glauben konnt' ich nicht.

Ich schätze die Alchimie,
die Gnosis, Telepathie,
Karma, Children of God,
die Anthroposophie,
das Brainwashing
der Scientologie.

Ich studierte den Koran,
die Schriften der Schaman,
das Sternzeichen der Fische,
die Upanischaden,
den Tanz der Derwische.
Aber glauben, glauben konnt' ich nicht.

Ich war in einem Ashram
bei dem Guru Bhagwam.
Ich meditiere überall
Yoga und Zen,
auch transzendental.

Als suchender Schintoist
und anonymer Christ
werde ich einmal nach allen
Inkarnationen
für immer im Nirwana wohnen.
WR

Neuer Glaube

Das, was die Hunnen und Tataren
nicht schafften hierzuland vor Jahren,
das Heidentum ins Land zu bringen,
wird jetzt auf neuem Weg gelingen.

Im Kinderfernsehn mit Geschick
bringt Aberglauben der Zeichentrick.
Bald wird der ganze Aberglauben
uns unserer Kultur berauben.

Der heilig' Georg, Florian
weichen dem Bat- und Superman.
Die Katharina mit 'm Radl
und auch die andern heilgen Madl
werd'n abgelöst im Fernsehn nun
durch Lara Croft und Sailor Moon.
Kein Schutzengel gibt noch Geleit,
das tun die Teletubbies heut.

Verkündigung von Gabriel
läuft lediglich noch als E-Mail.
Als Heilige Familie dann,
da schaun sie sich die Simpsons an.
Den Ochs im Stall ersetzt partout
dank Rinderwahn die lila Kuh.
Und Josef, unser Schutzpatron,
der wird verdrängt von Pokémon.
Commander heißen die drei Weisen,
die auf der Enterprise anreisen.

So hat bei uns rund um die Uhr
der Aberglaube Konjunktur.
Heiliger Josef, steh uns bei!
Wann geht der ganze Spuk vorbei?
Sonst muss man Konsequenzen ziehn
und wie du nach Ägypten fliehn.
Doch, fürcht ich, ist es viel zu spät:
Auch dort herrscht schon das Internet.

HZ

Die Pfarrgemeinderatssitzung

1. Vorsitzende, Esther Schulze-Müller-Pfühl: Liebe Pfarrgemeinderatsmitglieder, ich begrüße euch recht herzlich bei unserer außerordentlichen Sitzung des Pfarrgemeinderates. Wie ihr aus der Mitteilung wisst, geht es heute darum, dass sich der Herr Weihbischof zeitig zu einem Dialog mit unserer Pfarrei angekündigt hat, bei der er sich natürlich auch ein Bild über unsere Arbeit und unsere Probleme machen möchte. Gestatten Sie aber, dass ich Sie vorher noch um die Genehmigung des Protokolls der letzten Sitzung bitte, das Ihnen per E-Mail zugegangen ist. Ja bitte, Herr Läpple.

Läpple: Hehehe.

1. Vorsitzende: Was lachen Sie denn so, Herr Läpple?

Läpple: Weil Sie E-Mail gesagt ham.

1. Vorsitzende: Und was ist daran so lustig?

Läpple: Da is ma a Witzle eigfalla: A Mann will mit seiner Frau in den Südsee-Urlaub fahren, seine Frau kann aber erst einen Tag später nachkomme. Wiara im Hotel is, mailt er's seim Weible zu. Leider hat er se beim Mail vertippet und es landet bei oiner Frau, der ihr Mann grade gstorbe is und der die Beileidsmitteilungen grad per E-Mail durchschauet. Als ihr Sohn ins Zimmer kommt, sieht er, wie sie ohnmächtig gworden is. Er schaut auf den Bildschirm und liest: „An meine zurückgebliebene Frau. Von ihrem vorgereisten Gatten. Bin gut angekommen. Für deine Ankunft morgen ist alles vorbereitet: PS. Es ist verdammt heiß hier." Hehehe.

1. Vorsitzende: Sehr nett, Herr Läpple. Den sollten Sie

sich für den Seniorennachmittag gut aufheben. Jetzt aber rein formal. Wer schreibt das Protokoll für die Sitzung? Ich glaube, der Herr Gmeinwieser ist heute dran. Darf ich Sie bitten? Nun aber zum Besuch unseres Weihbischofs. Es eilt. Wir müssen uns heute dringend Gedanken machen, wie wir uns bei diesem Ereignis präsentieren. Ich schlage vor, dass wir unsere existenziellen Fragen an ihn richten. Es sollten natürlich nicht die gleichen Fragen sein, die er in jeder Pfarrei hört. Ja, Herr Reisinger?

Reisinger: Ja, wissen Sie, bei uns im Kirchenchor singt noch immer der Herr Graugans mit, obwohl er schon 92 Jahre alt ist und schwerhörig. 's letzte Mal hat er noch dazu die falschen Noten dabei gehabt und hat immer statt der Krönungsmesse das Requiem von Mozart gsungen. Richtig draus bracht hat er mich. Meinen Sie nicht, unser Weihbischof könnt ihm dezent beibringen, dass er halt ...

1. Vorsitzende: Ja, nun, Herr Reisinger, ich versteh ja Ihr Anliegen, aber erstens ist unser Weihbischof dafür bekannt, dass er es gerade bei älteren Leuten nicht übers Herz bringt, ihnen gewisse Dinge zu sagen, und zweitens können wir ihn doch wegen einer solchen Banalität nicht belästigen, zumindest als Eingangsfrage nicht. [...] Jetzt geht's aber um was ganz was anderes. Ja, Frau von Apeldorn?

Von Apeldorn: Wie wär's mit der Frage nach dem Zölibat?

1. Vorsitzende: Ja, das ist natürlich schon etwas Besonderes. Diese Frage wurde bestimmt noch selten in der letzten Zeit gestellt. Herr Gmeinwieser?

Gmeinwieser: Ja, wirklich sehr originell. Und was er-

warten Sie sich davon? Meinen Sie, dass unser Weihbischof sofort eine Lösung hat und Ihnen vielleicht anschließend einen Heiratsantrag macht, Frau von Apeldorn?

Von Apeldorn: Also, ich muss schon sehr bitten. [...]

1. Vorsitzende: Sollten wir uns nicht nun endlich ernsthafte Gedanken machen, was man den geistlichen Herrn fragen könnte?

Von Apeldorn: Wie wär's mit dem Priestertum für Frauen?

Gmeinwieser: Das ist eine gute Idee, Frau von Apeldorn. Vielleicht sollten wir angesichts der Tatsache, dass Sie den Herrn Weihbischof mit Ihren Argumenten gewiss überzeugen, gleich zum Abschluss der Visitation Ihre Priesterweihe vorbereiten. Sicherheitshalber müsste man aber dem Bischof vorher Bescheid sagen, dass er die notwendigen Gerätschaften mitbringt, damit er Sie auch ordentlich durchweihen kann.

Von Apeldorn: Sie Zyniker, Sie. Wenn Sie schon so gscheit sind, dann nennen Sie doch eine Frage!

Gmeinwieser: Tu ich schon noch!

1. Vorsitzende: Wie wär's denn mit dem Thema Ökumene?

Läpple: Ökumene? Da fällt mir a netts Gschichtle oi: A Mädle, aus am sehr katholischen Haus, kommt scho a bissele in de Jahr und hat no koin Freund. Aber eines Tages kommt s' freudestrahlend zu ihrer Mutter und sagt: „Mei, Mutter, i hab an jungen Mann kennenglernt, der duad mir guat gfalle. Und i glaub, i gfallert ihm au." – „Des is ja wunderbar", moint de Mutter, „des gfreuat mi für di." – „Ja, aber", stottert

das Mädle „da is a kleiner Haken. Der Thomas, so heißt er, is leider evangelisch." De Mutter schaut etwas bedenklich, moint dann aber: „Ja, no, na muasst halt versucha, ihn zu bekehre. Erzähl ihm was von unserm schöna katholischen Glauben, zeig ihm unser schöne Kirch und vielleicht auch a Bildle von unserm lieben bayrischen Papst Benedikt. Dir wird scho was einfalla." Nach a paar Monat gibt se de Gelegenheit und de Mutter fragt: „No, was is aus deiner Freundschaft worda? Hastn a bissele beeinflusse könna?" – „Und wie", sagt des Mädle, „er is ganz begeistert von unserm Glaube!" – „Des freut mi aber", sagt de Mutter, „und habt ihr scho an a Hochzeit gedacht?" – „O mei", erwidert des Mädle, „da wird wohl nix draus werda. Der Thomas is so begeistert vom katholischen Glaube, dass er beschlossen hat, Priester zu werde." Hehehe.

1. Vorsitzende: Sehr nett und alles recht und gut. Aber so kommen wir nicht weiter. Wie wär's denn mit dem Thema Jugendarbeit? Was meinen Sie, Frau Dengler, Sie sind ja für die Jugendarbeit zuständig?

Dengler: Ja nun, da wär schon einiges im Argen. Vor allem das religiöse Wissen lässt immer mehr zu würschen übrig. Sie wissen ja, dass ich als Religionslehrerin tätig bin. Was meinen Sie, was ich da alles erledigen muss. Fragt mich doch das letzte Mal glatt ein Schüler, ob Ostern das Gegenteil von einem Western ist. Und bei dem Thema Dreifaltigkeit habe ich die Antwort gekriegt: Das sei wohl das Ergebnis einer Behandlung mit einer Gesichtscreme von der Uschi Dings, na, ihr wisst schon.

1. Vorsitzende: Das ist ja entsetzlich. Aber jetzt

einmal ehrlich gesagt, können wir unserem Weihbischof nichts Positiveres anbieten?

Gmeinwieser: Nein, nein. Es gehört sich doch, dass wir zunächst einmal über die gegenwärtige Situation der Kirche richtig losjammern. Was soll er denn sonst von uns denken? Wir wollen doch nicht den Eindruck erwecken, der Weihbischof sei bei keiner kirchlichen Gemeinde unterwegs. Das wäre ja das Peinlichste, was uns passieren könnte.

Von Apeldorn: Ist das schon wieder zynisch gmeint?

Gmeinwieser: Wenn S' moana. Glauben S' net, dass wir dem Weihbischof amal was vorführen könnten, wo er sich freut?

1. Vorsitzende: Sie meinen was Neues?

Gmeinwieser: Net unbedingt. Es könnt ja auch was sein, so man merkt, dass die Kirche noch immer in ihrer zweitausendjährigen Tradition etwas Großartiges ist.

Von Apeldorn: Das heißt aber nicht, dass wir uns dem Zeitgeist stellen müssen.

Gmeinwieser: Der Zeitgeist? Wia schaugt der aus? Is des vielleicht a Bruader vom Melissengeist? Der Zeitgeist is jedenfalls schuld, dass mia oiwei mera unsere schönen Heiligen abschaffen, bis lediglich noch der St. Pluralismus übrig bleibt. De ganzen schönen Kirchenlieder haben s' nausgschmissn. Dafür singen s' bloß no Lieder in Schiss-Moll und Grass-Dur. Des Oanzige, wo se de Kirche durchgesetzt hat, is, dass s' beim Rauchverbot net mitmacht.

1. Vorsitzende: Rauchverbot? Das versteh ich nicht.

Gmeinwieser: Ja, Gott sei dank gibt's bei bsondere Anlass no an Weihrauch in der Kirch. [...]

1. Vorsitzende: Also was mir an den bisherigen Beiträgen gefehlt hat, sind wirkungsvolle Vorschläge für konkrete Reformen in der Kirche.

Gmeinwieser: Stimmt. Unsere Kirche müsste längst amal wieder innen runtergeweißelt werden. Ich weiß gar nicht mehr, wann wir das das letzte Mal gemacht haben.

1. Vorsitzende: Nein, diese Art ... äh ... von Reform meine ich eigentlich nicht. Ich meine eher die höherführenden Reformen.

Gmeinwieser: Stimmt. Unser Turm bräucht's auch dringend. Von innen und von außen. Die Farbe blättert ab und die Treppen sind lebensgefährlich geworden.

1. Vorsitzende: Ja, ja. Aber das sind doch keine Fragen, die unseren Weihbischof interessieren. Ich meine, wir sollten die Gelegenheit nützen, ihm Grundsätzliches zu einer inneren Reform der Kirche vorzuschlagen. [...]

Von Apeldorn: Das ist's. Könnte die Kirche nicht endlich mit der Zeit gehen? Man spricht seine Sünden auf eine Kassette, schickt sie ans Pfarramt. Wenn der Pfarrer oder der Kaplan Zeit hat, hört er sie an, oder er gibt sie bei den Möglichkeiten, die der neue Pfarrverbund liefert, einfach an eine andere Pfarrei weiter. Und nach gewisser Zeit bekommt der Beichter seine Kassette mit der Absolution und der Buße zurück. Das müsste doch möglich sein.

Gmeinwiser: Da bin anderer Meinung. Ich glaube, die Leute haben heutzutage immer weniger Probleme mit der Beichte. Erstens sagen uns die Psychologen und Gehirnforscher schon seit Jahren, dass man eigentlich gar nicht schuldig werden kann. Schuld sind nur unsere Gene oder eine traurige Kindheit. Und von unseren Gehirnzellen her sind wir vorbestimmt. Wo kein freier Wille ist, gibt's keine Schuld und keine Sünden. Und zweitens: Das Fernsehen mit seinen Talkshows ist voll von öffentlichen Beichten. Da erzählen Unmengen von Leuten vor Millionen Fernsehzuschauern von ihren intimsten Dingen und Verfehlungen, ohne rot zu werden.

Steinke-Irlbeck: Vielleicht liegt's also bloß am Namen.

1. Vorsitzende: Wieso am Namen?

Gmeinwieser: Richtig. Vielleicht sollte man den Begriff „beichten" mit „sich outen" ersetzen? „Outen Sie sich wenigstens einmal im Jahr zur Osterzeit!" Dann müsste man lediglich die Beichtstühle in „Outing-Chairs" umbenennen und das Beichtgespräch mittels Kamera in den Gemeindesaal übertragen. Da kämen dann auch wieder mehr Leut zusammen, als wenn wir nur wieder Literaturvorlesungen veranstalten.

1. Vorsitzende: Herr Gmeinwieser, bei Ihnen weiß ich nie so recht, ob Sie das, was Sie sagen, tatsächlich ernst meinen. [...] Ja, Frau von Apeldorn. Haben Sie noch einen Einfall?

Von Apeldorn: Wie wär's, wenn wir uns die Bestätigung unseres Bischofs holen, dass im Zeichen des Priestermangels in zunehmender Weise auch Frauen die Predigt übernehmen sollten? Die Priester könnten so eine Menge Zeit für Wichtigeres einsparen, als sich so lange vorbereiten zu müssen.

Läpple: Noi, noi, noi und nomal noi. Wenn des mei Frau hörat. Um Himmels willen. De bewirbt sich sofort. Und die Sonntagsmesse is die einzige Zeit, wo i

mei Frau net prediga höra muss. Des derfat Se man et antue. Dafür erzähl i Ihne aber a Witzle: „Warst aa wirklich am Sonntag in der Messe?", fragt der Papa sein Buabe. „Ja, klar", moint der Buabe. Misstrauisch fragt der Vater weiter: „Na konnst ma ja sicher sage, über was der Pfarrer heut predigt hat." – „Klar", meint 's Büable, „über d' Sünd hat er gsprocha." – „So, so, über d' Sünd", sagt der Vater. „Aber i möchat's scho a bisserl genauer wissa. Was hat er denn dazua gsaget?" – „Ja mei", meint 's Büable, „dagegen is er halt gwesen, der Herr Pfarrer." Hehehe.

1. Vorsitzende: Bei aller Liebe zur Heiterkeit und Fröhlichkeit, die Herr Läpple so schön verkörpert, wir sind, wenn ich nachdenke, immer noch nicht viel weiter gekommen mit dem Besuch unseres Weihbischofs. Am besten wär's natürlich, wir könnten ihm etwas mitteilen, wo wir etwas finanziell Erfreuliches aufweisen können. [...] Bitte, Herr Nagel.

Nagel: Meine Frage ist eine rein finanzielle und betrifft die Renovierung unserer Kirche. Das gesamte Gestühl weist erhebliche Mängel auf und die Wände müssten längst neu gestrichen werden. Nun weiß ich um die schwierige finanzielle Situation unserer Diözese, aber ich hätte einen Vorschlag, wie wir beträchtliche Summen hereinkriegen könnten.

1. Vorsitzende: Beträchtliche Summen? Das hört sich ja gut an. Was wäre denn Ihr Vorschlag, Herr Nagel?

Nagel: Mein Schwager ist ein bedeutender Erfinder und er hatte eine geniale Idee. Es geht um Weihwasser.

1. Vorsitzende: Ums Weihwasser? [...] Sagen Sie uns lieber, Herr Nagel, was es denn mit dem Weihwasser auf sich hat.

Nagel: Also, ich hole kurz aus: Jeder gute Christ hat schon erlebt, dass er zum Beispiel im Urlaub in ein Hotel kommt, in dem es überhaupt keinen Weihwasserkessel gibt oder wo das Weihwasser längst ausgegangen ist. Dasselbe gilt für den Friedhof. Man geht ans Grab. Und dann ist der Weihwasserbehälter leer. Oder man will eine Nottaufe vornehmen und hat kein Weihwasser zur Hand. [...] Es gibt zwar überall genügend normales Wasser, sprich Ha zwei Oh, aber eben kein Weihwasser. Also was tun?

1. Vorsitzende: Ja, was soll man da tun?

Nagel: Genau da setzt nun die geniale Erfindung von meinem Schwager, dem Ludwig Weinberger, an. Er hat ein Ness-Weihwasser erfunden.

1. Vorsitzende: Ein Mess-Weihwasser?

Nagel: Nein, ein Ness-Weihwasser mit „N" wie Nagel.

1. Vorsitzende: Und was ist das?

Nagel: Sie kennen doch den Ness-Kaffee oder Ness-Tee. Ein Pulver, Instant, wie man heute sagt. Da tut man einen Löffel in eine Tasse und schüttet Wasser drauf. Und schon hat man den besten Kaffee oder Tee.

1. Vorsitzende: Ja, ja. Aber was hat das mit dem Weihwasser zu tun?

Nagel: Ganz einfach. Bei der Weihwasserweihe weiht der Pfarrer eben neben dem Wasser auch ein paar Kilo so ein Instantpulver. Das kann man im Gegensatz zu einer großen Flasche mit Weihwasser viel leichter transportieren. Jeder gläubige Christ könnte in einem besonderen kleinen, womöglich auch noch kunstvoll gestalteten Schächtelchen Ness-Weihwasser bei sich haben, bei Bedarf einen Löffel in ein Glas geben und ganz normales Wasser draufschütten, ein wenig um-

rühren und so hat man jederzeit Weihwasser zur Verfügung. Ist das nicht genial?

1. Vorsitzende: Hm. Ein nicht uninteressanter Gedanke. Aber wie sollte sich das finanziell niederschlagen? Und glauben Sie nicht, dass das Weihwasser nicht mehr oder weniger an das Element Wasser gebunden ist?

Nagel: Sag ich doch. Das Ness-Weihwasser-Pulver muss eben in einem normalen Wasser aufgelöst werden. Aber ich muss sowieso widersprechen. Der Weihrauch ist ja auch zunächst körnig, ehe er eben in Rauch aufgeht. Da hat der Lulu übrigens auch eine Idee, weil das mit dem Anzünden des Weihrauchs etwas problematisch und sogar feuergefährlich ist. Er denkt da an eine Art Spray, also Weihrauch aus der Dose. Der Lulu ist ein blitzgescheiter Bursche, tolle Gene sozusagen.

1. Vorsitzende: Gemach, gemach. Erst einmal zu dem ... äh ... Instant-Weihrauch. Wie stellen Sie sich denn eine Vermarktung vor?

Nagel: Auch darüber hat sich der Lulu bereits Gedanken gemacht. Also erstens, meint er, sei am meisten Gewinn bei der Verpackung drin. Entsprechend sakral gestaltete Döschen oder Schachterln, was meinen Sie, wie da die Leute darauf fliegen. Und außerdem muss man natürlich auch auf die Qualitätsunterschiede sehen.

1. Vorsitzende: Qualitätsunterschiede? Wie meine Sie das jetzt wieder?

Nagel: Klar doch. Weihwasser ist nicht gleich Weihwasser. Also ich meine, bei allem Respekt vor unserem Diakon Hirschvogel: Ich weiß ja eigentlich gar nicht,

ob er eine Weihlizenz hat, aber wenn's so sein sollte, das vom Diakon geweihte Produkt würde natürlich das untere Preisniveau darstellen. Und dann geht's eben hierarchisch weiter: Kaplan, Pfarrer, Prälat, Abt, Bischof, Kardinal, ja und in einem ganz besonderen Fall sogar Papst. Wenn man mit dem Personenkreis redet, da müsste doch eigentlich allgemeines Interesse da sein.

1. Vorsitzende: Hm. Irgendwie fasziniert mich der Gedanke schon. Glauben Sie, Herr Nagel, dass Ihr ... äh ... Herr Weinberger das Ganze beim Besuch unseres Weihbischofs eventuell mit PowerPoint vorführen könnte? [...]

Pfarrsekretärin (betritt die Sitzung): Entschuldigung. Ich habe gerade ein Fax vom Ordinariat bekommen. Der Weihbischof muss seinen Besuch bis auf Weiteres verschieben, weil er im Ordinariat ...

1. Vorsitzende: Ja, was ist denn schon wieder, Herr Läpple?

Läpple: Ha, ha, Ordinariat. Da fällt mir no oiner ei: Vorm Ordinariat is a kloins Kindle gfunda worra und 's Ordinariat hat sofort die Vaterschaft übernomma. Wissat Se warum? Weil's no nia was im Ordinariat geba hat, was in neun Monat fertig worda is und Hand und Fuß ghabt hätt.

1. Vorsitzende: Ja, ja, ist schon recht, aber was machen wir denn da? (Schaut auf die Uhr.) Ich sehe, dass wir schon längst über der Zeit sind. Ein paar von uns haben ja heute noch Probe im Kirchenchor ... Wir müssen die Thematik also wohl vertagen. Herr Gmeinwieser, Sie haben ja mitgeschrieben. Können Sie uns kurz das Protokoll vorlesen?

Gmeinwieser: Ja, mein Gott, es ist eigentlich dasselbe wie die letzten Male auch (liest):

Sitzung ogsetzt.
Highetzt.
Se higsetzt.
Se zsammgsetzt.
Auseinandergsetzt.
Die Tagesordnung festgsetzt.
Wieder abgsetzt.
Ersetzt.
Gschwätzt.
Nix gsagt.
Vertagt.
Neu ogsetzt.
Vui san zsammkomma.
Nix is rauskomma.
Sitzung umma.

HZ

Cucino und der Zufall

Im Kloster war hoher Besuch angesagt. Francesco Ferrero, der Bürgermeister der großen Stadt, den man wegen seines Charmes nur „das Küsschen" nannte, hatte sich zu einem Festmahl eingeladen. Denn ihm war der kulinarische Ruhm von Pater Cucino, der für die Küche der Abtei verantwortlich war, nicht unbekannt geblieben.

Da saß er nun vor den herrlichen Speisen, die Cucino zubereitet hatte, und schnalzte ein ums andere Mal mit der Zunge. „Ich habe ja schon viel Herrliches gegessen. Aber das übertrifft alles Bisherige mit weitem Abstand. Hochwürdiger Abt, könntet ihr mir nicht den Meister aller Meister, der diese Gerichte zubereitet hat, an den Tisch bringen?"

„Das will ich gerne tun", meinte der Abt. „Aber Cucino möchte Euch eine besondere Delikatesse zubereiten und agiert noch in der Küche."

„Ach was!", rief Ferrero. „Er soll sich eine kleine Pause gönnen. Auch ich lege eine solche Pause ein, damit ich die bisherigen Köstlichkeiten noch besser in mir wirken lassen kann. Außerdem gehört ein gutes Gespräch mit begnadeten Künstlern zu einem guten Mahl!"

„Also, ich will es versuchen", rief der Abt und kam tatsächlich nach kurzer Zeit mit Cucino an den Tisch zurück.

Ferrero lief auf ihn zu und umarmte ihn. „Meister aller Meister", rief er. „Ihr habt es gerade geschafft, dass

ich wieder an mich selber glaube, denn nach diesem herrlichen, von Euch zubereiteten Essen kann ich mit Fug und Recht behaupten, dass sehr viel Gutes in mir wohnt. Es wäre mir eine besondere Ehre, wenn Ihr Euch zu einem kleinen Gespräch an meine Seite setzen wolltet."

Das tat Cucino gerne, und es entspann sich bald eine rege Unterhaltung.

„Ihr kennt ja wohl den schönen Spruch", meinte Ferrero plötzlich, „dass Essen und Trinken Leib und Seele zusammenhalten. Was Essen und Trinken bedeuten, habe ich heute kennengelernt, aber vielleicht könnt Ihr mir auch noch dazu verhelfen, dass ich dieses Band der Seele, von dem Ihr Geistlichen so viel redet, einmal kennenlerne." Bis man sich recht versah, waren die beiden in hoch philosophische Gespräche verstrickt, wobei es Ferrero nicht lassen konnte, seine spöttischen Bemerkungen auf Theologen loszuwerden.

„Wisst Ihr", sagte er, „ich habe mir so meine eigene Philosophie und Wissenschaft zurechtgelegt und glaube, dass ich damit am besten fahre. Für mich gibt es zwei feste Größen. Die eine ist die Zeit und die Andere der Zufall. Durch Zeit und Zufall wird alles möglich, alles, was Ihr hier seht. Der Himmel, die Sterne, die Sonne, der Mond, unsere Erde mit ihren Pflanzen und Tieren und auch Ihr und ich, lieber Cucino, sind nichts anderes als ein Produkt aus Zeit und Zufall. Aber Ihr wolltet mir doch noch eine besondere Köstlichkeit, Eure Spezialität, das sogenannte ‚Culinarium divinum', vorsetzen. Wir können uns anschließend weiter unterhalten.

Cucino stand auf und ging in seine Küche. Nach kurzer Zeit kam er mit einer großen Schale wieder, die mit einem Deckel versehen war. Neugierig hob Ferrero denselben, erstaunt besah er sich Cucinos Werk. „Was soll ich denn damit?", rief er. „Da liegen verschiedene Kräuter herum, ein paar Stücke rohen Fleisches. Da ist sogar eine ungeschälte Kartoffel, und das ist wohl eine Aubergine? Wollt Ihr mir die Zutaten für Eurer ,Culinarium' vorstellen?"

„Nein, nein", rief Cucino, „das ist es schon."

„Aber", rief Ferrero, „Ihr werdet doch nicht erwarten, dass ich dieses Zeug da in dem Zustand in mich hineinschlinge?"

„Nicht sofort", lachte Cucini, „lasst Euch ruhig etwas Zeit. Mit dem entsprechenden Zufall wird bestimmt das herrlichste Gericht entstehen, das Ihr jemals gegessen habt. Ich habe über Eure Philosophie nachgedacht und bin zu dem Entschluss gekommen, künftig nicht mehr zu kochen, zu würzen und zuzubereiten, sondern alles der Zeit und dem Zufall zu überlassen. Wenn ich mir nämlich diese Welt anschaue mit ihren herrlichen Bäumen, Blumen, Früchten und so netten Menschen wie Euch und weiß, dass das alles durch Zeit und Zufall entstanden ist, dann kann ich längst nicht so gut kochen wie diese beiden Küchenmeister."

„Aber", schmunzelte Cucino, „falls Euch die Zeit zu lange wird und der Zufall ausbleibt, habe ich noch einmal nach der traditionellen Methode vorgesorgt." Sprach es und stellte dem verblüfften Ferrero das prächtige „Culinarium divinum" auf den Tisch.

HZ

Aus unserer Pfarrei

Spendenaufruf: Der Betrag, den Sie in den Klingelbeutel werfen, darf größer sein, wenn Sie die Gottesdienste nicht regelmäßig besuchten!

Laienspielgruppe: Wir suchen dringend einen Hauptdarsteller für den Einakter „Das verlorene Schaf" und geübte Tänzer für das Musical „Tanz ums Goldene Kalb".

Beichtgelegenheit: Warum wollen Sie unbedingt vor eine Kamera? Sie können auch in einem Beichtstuhl Ihren ungezügelten Geständnisdrang befriedigen. Für das Bekanntwerden Ihrer Sünden müssen Sie allerdings selbst sorgen.

Meldung aus der Weltkirche: Mithilfe der deutschen Bischöfe konnte das „Theatro Vaticano" gegründet werden. Die Professoren der Päpstlichen Universität wurden beauftragt, alle Werke der großen Theologen zu dramatisieren. Auf der Bühne ist demnächst die „Summa Theologica" des Thomas von Aquin zu sehen und der Weltkatechismus als Musical. Für die Hauptrolle ist Schwester Innocentia, die Priorin des Karmels von Palermo vorgesehen.

Predigtangebote: Wir bieten Predigten, die Anwesende durch keinen zu lauten Ton, weder durch Gedanken noch durch Worte, in Unruhe versetzen und sich außerordentlicher Beliebtheit erfreuen.

Stegreifpredigten, die eine ungewöhnliche Spannung bei den Hörern erzeugen, weil der Prediger am Anfang eines Satzes noch nicht weiß, wie er ihn beenden soll.

Zeitnahe Predigten, die alle Medienberichte der vergangenen Woche, die man schon fast vergessen hatte, noch einmal ausführlich zusammenfassen.

Wohlfühl-Predigten, die das Gefühl auslösen: Alles ist gut, wenigstens im Augenblick.

Katechetische Predigten, die an den Religionsunterricht erinnern.

Eschatologische Predigten, die eindrucksvoll darlegen, auf welche jenseitigen Schikanen man gefasst sein muss und wie viele Hindernisse noch zu überwinden sind, bis man die Seligkeit des Himmels ungetrübt erleben darf. Sie sollte nur der besuchen, der mit den anschließenden Depressionen und den Zweifeln an seiner Heilschance fertigwird.

Charismatische Predigten: Sie bestärken die Gottesdienstteilnehmer in der Überzeugung, dass man sein Christsein am besten durch Absingen von Gospels, durch rhythmisches Klatschen und wiederholtes Umarmen aller Anwesenden bezeugt.

Die **aufrüttelnde** Predigt: Sie kann verhärtete Herzen erweichen. Sie wird – seitdem die Urkirche zur Volkskirche wurde – nur noch selten gehalten.

Biblische Predigten, die jeden so mit Hoffnung erfüllen, dass er begeistert ausruft: „Brannte nicht mein Herz, wie man die Schrift erklärte?"

WR

Werbung

Kanaan-Weine — mit dem unverwechselbaren Bibel-aroma —, jahrtausendelang in kostbaren Amphoren gelagert. Probieren Sie die Abfüllung „Johannes der Täufer" — oder lieber einen tiefroten „Pontius Pilatus"? — Danach waschen Sie Ihre Hände in Unschuld. Riechen Sie die Blume eines 31er- „See Genezareth" — oder vielleicht ein edles Tröpfchen „Tiber-Wasser" mit Jordan-Duft? Kanaan-Weine —, denn der Mensch lebt nicht vom Brot allein ...

Die Ehen werden zwar im Himmel geschlossen, aber kaufen müssen Sie Ihre **Ringe** hier auf Erden. Wir liefern sie je nach Wunsch: rosarot, leicht vergoldet oder krisenresistent, auch als Einzelstücke und in allen Größen.

Jetzt endlich ist er auf dem Markt: der **Klerikal-Management-Koffer.** In ihm finden Sie alles, was ein jung-dynamischer Seelsorger braucht. Sie haben wieder Erfolg im Beichtstuhl, Sie retten Seelen — mehr noch: Ihre Schäflein kommen wieder in die Kirche. Das Allround-Set für das Clerical Management. Bestellen Sie noch heute unter 00396 !
Das fernöstliche Zen-Sitzkissen: mit garantierter Bodenhaftung und für die lockeren Stunden: das **Ekstase-Brett:** Dicht vor den Kopf gehalten, wird die Wahrnehmung der Umwelt völlig ausgeschlossen.
Für den Global-Kleriker einen konfessions-übergrei-

fenden **Gebetsteppich**, der sich für jede Art von Meditation eignet. Dazu eine lichtundurchlässige **Hermeneutik-Augenbinde**, um den Blick nach innen zu ermöglichen.

Auch für das tägliche spirituelle Leben finden Sie alles in unserem Klerikal-Management-Koffer:

Bekennerkrawatten mit aufgedruckten Bibelzitaten. Ein **Introvert-Malkasten** mit einer großen Auswahl an Einfaltspinseln und verdünnten Grundfarben. Schwerelose Sprechblasen – auch für die individuelle Beratung geeignet – und mehr noch:

Vorkonziliäre Weihrauch-Körner, die das Einnebeln und Selbstbeweihräuchern ermöglichen. Dazu das **Handy „Gotteslob"** mit der direkten Himmelsverbindung. – Mit ihm wehren Sie alle weltlichen Anfechtungen ab. Das ist doch ein Angebot – greifen Sie zum Telefon –, alle Himmelsleitungen sind 24 Stunden besetzt. Wählen Sie 00396 ! Und wenn Sie heute noch bestellen, erhalten Sie zusätzlich kostenlos: eine aufrecht stehende Wachskerze, an der man sich ein Beispiel nehmen kann.

Ist das alles? Nein! Sie bekommen in einer limitierten Sonderausgabe: die **Trompeten** von Jericho, die **Posaunen** des Jüngsten Gerichts und **das Wort zum Sonntag** in der Techno-Fassung – und das alles auf CD-ROM. Rufen Sie gleich an unter 00396.

WR

Beichterinnerungen

Ich sehe mich nochmals in der 3. Klasse in der Knabenschule Erding, wo uns der freundliche Stadtpfarrer versuchte, auf die erste Beichte vorzubereiten. Ein kleines Heftchen, auf dem „Beichtspiegel" stand, sollte uns aufzeigen, was wir dann dem Beichtvater alles, nachdem wir den Satz „In Demut und Reue bekenne ich meine Sünden" anvertrauen sollten. Einiges habe ich damals, so muss ich gestehen, noch gar nicht kapiert. Vor allem nicht das „manchmal oder öfter unkeusch in Gedanken und Werken, allein oder mit anderen". Unvergesslich, dass sich damals mein Banknachbar Thomas freudestrahlend meldete und dem Pfarrer mitteilte: „Also da hab ich auch eine Sünde." Über die Beichte gibt es natürlich eine Menge lustiger Geschichten und Witze, z. B. von der alten Zenzi, die immer wieder dasselbe beichtet. Und als ihr der Pfarrer sagt, dass sie ihm das ja schon öfter gestanden hätte, meinte sie, es sei immer wieder schön, sich ihrer Jugendsünden zu erinnern. Uralt ist auch der Witz, in dem der junge Kaplan den Pfarrer um Rat fragte, was er dem Lenz geben solle, der ihm gestanden hat, einen Rehbock geschossen zu haben, und der Pfarrer antwortet: „Ich gebe ihm immer 10 Euro fürs Pfund."

Die schönste Beichtgeschichte hat uns immer freimütig mein großartiger Philosophie-Professor Max Müller erzählt, den seine Frau regelmäßig um die Osterzeit ermahnte, zur Beichte zu gehen. Er habe ihr halt ihren Willen getan, sei nach St. Michael gegangen und einen Beichtstuhl des S. J. Pater Weh aufgesucht, der verkündete, dass er die Beichte in mehreren Sprachen wie Spanisch, Italienisch, Russisch usw. abnähme. Das habe ihn neugierig gemacht. Nachdem er aber, wie er sagte, seine paar Sünden aufgesagt hatte, sei besagter Pater in einem wüsten Wortschwall über ihn hergefallen, was so weit führte, dass er dann, ohne die Absolution abzuwarten, davongerannt und zu den Kapuzinern gegangen sei. Dort hätte er ohne langes Gerede sogleich die Absolution erhalten. Max Müller habe über dieses ungewöhnliche Beichtverhalten des Paters nachgedacht und erfahren, dass dieser schwerhörig sei. Und um nicht sein Image zu verlieren, habe er wohl beschlossen, in einem ganz bestimmten Rhythmus, also vielleicht alle 5-mal richtig hinzulangen, gleich, ob der Betreffende viel oder wenig auf dem Kerbholz gehabt hätte. Damit, meint Max Müller, sei auch die Sprachkompetenz des Paters erklärt. Wenn er nämlich schwerhörig ist, ist es im Letzten gleich, welche Sprache der Beichtende spricht, er versteht sowieso keine.

Das erinnert wieder an einen Witz: Ein junger Mann hat erfahren, dass in der Kirche ein schwerhöriger Beichtvater sitze. Er geht in den Beichtstuhl und sagt lediglich: „Tarantanta, tarantanta", worauf er von dem Beichtvater zu hören bekommt: „Tirintinti, tirintinti, der Taube sitzt heut vis à vis."

Ich muss gestehen, dass es mich auch immer eine gewisse Überwindung gekostet hat, mich traditionell zur Beichte zu begeben. Aber irgendwie war es doch immer ein befreiendes Erlebnis.

Wie man weiß, ist die Zahl der Beichtenden stark zurückgegangen. Das heißt aber nicht, dass Beichten total out sei. In Amerika gehört es fast schon zum guten Ton, dass man sich einem eigenen Psychiater öffnet, vor dem man allerdings nicht mehr kniet, sondern auf der Couch liegt. Und man bekommt zwar keine Buße mehr auf, sondern eine gesalzene Rechnung zugeschickt. Besonders in Mode gekommen ist aber seit geraumer Zeit eine Form der öffentlichen Beichte: Man outet sich am besten im Fernsehen vor einem Millionenpublikum oder in Buchform, und zwar bis in die letzten Intimitäten hinein. Wenn man Glück hat, wird diese Intimbeichte sogar noch ein Bestseller. Und da ist nun schon ein gewaltiger Unterschied zu früher. Statt des Beichtbildchens mit einem Gebet kommt man jetzt auf die Bestsellerliste und kassiert ein sattes Honorar.

HZ

Igerl und die Beichte

Mit der einen Ausnahme, dass Alfons Igerl ein „Bayern"-Anhänger und der Schweiß Hans ein eingefleischter „Sechziger" war, hatten sie sich eigentlich immer gut verstanden, ja, man konnte fast sagen, dass sie Spezln waren. Sie trafen sich hin und wieder zum Kartenspielen oder zum „Platschgen", jenem alten Spiel, bei dem man mit den kleinen Platten, eben den „Platschgen", nach Blechtauben wirft. Und Alfons Igerl kaufte natürlich regelmäßig sein Obst und Gemüse im kleinen Laden des Hans, den dieser nach dem Tod seiner Erna allein bewirtschafte, lediglich unterstützt von seiner Tochter, der Elfi, die aber selber berufstätig war und meist nur am Samstag mithalf. Wie das manchmal so ist, zerbrechen Freundschaften an winzigen Kleinigkeiten. Damals waren es mehrere gewesen. Es war die Zeit, als die „Sechziger" die Qualifikation für die Bundesliga bekamen, sie den „Bayern" aber versagt wurde. Der Schweiß Hans kostete die Situation reichlich, manchmal sogar überreichlich, aus und sparte nicht mit Spitzen wie: „Alfons, kennst du die kleinste Brauerei mit den meisten Niederlagen? Des is ‚Bayern' mit bloß elf Flaschen ha,ha,ha."
An dem Sonntag, als die „Sechziger" in der Bundesliga ihr Spiel gegen den HSV ganz hoch gewonnen, die „Bayern" in Augsburg aber verloren hatten und sie sich beim Platschgen trafen, war es ganz besonders schlimm. „Weißt du, warum ‚Bayern' das pünktlichste Publikum in ganz Deutschland hat? Keiner möcht den

Anstoß verpassen, weil des die ‚Bayern' ihr einziger Pass is, der wo ankommt. Ha, ha, ha."

„Weißt du, warum die Bayernspieler allerweil mit überhöhter Geschwindigkeit Auto fahren? Net? Weil s' da wenigstens in Flensburg Punkte kriegn! He, he, he."

Und so ging es in einer Tour weiter, bis es dem Alfons zu dumm wurde und er sich schweigend davonmachte. Er marschierte schnurstracks ins Volkart-Eck und genehmigte sich ausnahmsweise zwei Halbe über seinen üblichen Durst. Als er kurz nach Mitternacht an dem kleinen Ladl des Hanse vorbeikam, der gerade vor ein paar Tagen mit neuen großen Buchstaben die Inschrift „Schweiß-Obst-Gemüse" über seinem Geschäft hatte anbringen lassen, kam ihm ein teuflischer Gedanke, den er auch gleich in die Tat umsetzte. Er hangelte sich geschickt hoch und nach ein paar Lockerungsversuchen hielt er auch schon den Buchstaben „w" in der Hand, mit dem er sich kichernd auf den Nachhauseweg machte.

Und wie das so ist, statt dass der Igerl Alfons den nächtlichen Ausrutscher zugegeben und mit ein paar Markl wieder gutgemacht hätte, fand er nie recht den Mut und ging dem Hans schuldbewusst fürderhin aus dem Weg. Erst nach langer Zeit ereignete sich etwas, was das unterkühlte Verhältnis wieder änderte. Die Elfi hatte einen Buben bekommen, einen ledigen, den der Hanse nach dem anfänglichen Raunzen heiß und innig liebte. Der kleine Richard rammte beim Fahrradfahren eines Abends just vor dem Obstladen den Alfons versehentlich, und der fiel recht unglücklich und verstauchte sich seinen linken Fuß, sodass er

schmerzverzerrt auf dem Trottoir sitzen blieb. Schuldbewusst alarmierte Richard seinen Opa und man schleppte den Verletzten in die Schweißsche Wohnung. In der Folgezeit kümmerten sich die Schweißens so rührend um ihn, dass eine ganz neue Freundschaft entstand. Als dann der vorgesehene Firmpate, der Neffe vom Hanse, passen musste, weil er plötzlich für ein Jahr von seiner Firma nach Kanada abberufen wurde, war es eigentlich gar nicht überraschend, dass man den Alfons fragte. Igerl sagte geschmeichelt zu. Drei Wochen vor der Firmung fiel es Igerl ein, dass ein guter Firmpate ja auch beichten müsse, wenn er die Kommunion empfangen wolle. Nun war er ja das, was man einen durchaus passablen Christen nennen konnte. Er hatte nur immer schon ein Problem gehabt: das der Beichte. Seit ihm damals der Kaplan Quasny in seiner Jugend einmal so die Leviten gelesen hatte, hatte er ein etwas gebrochenes Verhältnis zu diesem Sakrament. Und seit jener Geschichte, die der Schweiß gar als grobe Sachbeschädigung bezeichnete, hatte er schon gar nicht mehr den Mut zum Gang in den Beichtstuhl aufgebracht. Nun war guter Rat teuer. Wenn es ihm nur nicht so schwerfallen würde, über einen so blöden Streich zu sprechen. Und die Firmung rückte doch immer näher. Schließlich stand der Sonntag der Firmung vor der Tür. Und Igerl war noch immer nicht beim Beichten gewesen.

Da kam ihm ein seltener Zufall zu Hilfe. Der Grandl Xaver, sein Vetter, rief ihn aus Englpolding an, um ihn zu seiner goldenen Hochzeit einzuladen, und bei der Gelegenheit erzählte er ihm Folgendes: „Stell dir vor, Alfons, mir wolln doch in aller Feierlichkeit die Gol-

dene begehn, und da wolltn mei Annamirl und i zum Beichten gehn. Weißt, was unser neuer Kaplan da gsagt hat: ‚Geh weiter‘, hat er gsagt, ‚was werds denn ihr schon für Sündn habn. Gehts am nächsten Samstagabend in d' Kirch. Da habn mir einen Bußgottesdienst. Und da legts einen Zettel, wo ihr eure Sündn aufgschriebn habts, in a große Schachtel. Umbracht werds schon niemand habn. Und im Bußgottesdienst werds auch von eure Sünden befreit.‘

Der Anruf war am Samstag um 10 Uhr. Jetzt pressierte es. Aber er hatte ja alles schon für den Sonntag besorgt. Ein bisserl Obst wollte er noch für die nächsten Tage einkaufen. Aber das war ja schnell gemacht. Er schrieb die paar Sachen zusammen, die er brauchte. Den Zettel würde er noch schnell vor der Abfahrt nach Englpolding bei den Schweißens einwerfen. Und wie er grad beim Schreiben war, formulierte er auch noch seinen Beichtbrief für den Bußgottesdienst in Englpolding. Ganz genau schrieb er den Vorgang auf, wie er den Sachschaden beim Schweiß Hanse angerichtet hatte, und noch ein paar lässliche Sünden als Anhang.

Der Bußgottesdienst war sehr würdig. Als Igerl den Zettel in die Bußschachtel warf, fiel ihm sichtlich ein Stein vom Herzen. Nun fuhr er richtig befreit nach München zurück.

Die Firmung wurde zu einem wunderschönen Tag. In der Aufregung fiel ihm auch nicht weiter auf, dass ihm der Schweiß Hanse in der Früh zublinzelte und sagte: „Also weißt du, Alfons ...“

Was es damit auf sich hatte, kam ihm erst zum Bewusstsein, als eine Woche später bei der goldenen Hochzeit in Englpolding der Kaplan, der am Tisch

saß, erzählte, dass manche Leute offenbar mit dem Bußgottesdienst doch noch nichts Rechtes anfangen könnten, denn beim letzten habe er einen Zettel gefunden, auf dem sei bloß gestanden: 2 Pfund Orangen, 1 Pfund Äpfel und ein Bund Radieserl.

HZ

Sender Vatikan antwortet iii

Ich habe mich schon oft geärgert, dass meine Gebete nicht erhört werden, Andersgläubige aber ihre Wünsche erfüllt bekommen. Sollte sich diese Ungerechtigkeit noch öfter wiederholen, sähe ich mich zu einem Konfessionswechsel gezwungen.

MONSIGNORE: Ist es verwunderlich, dass bei den vielen Milliarden Anträgen, die täglich nach oben geschickt werden, schon einmal eine Verwechslung vorkommt? – Warum wollen Sie eigentlich erhört werden? Mancher hat das schon bereut.

In letzter Zeit werde ich von der Frage bedrängt, wie ich mich als Priester kleiden soll, damit ich nicht schon durch meine äußere Erscheinung irgendeines Menschen Seelenheil gefährde.

MONSIGNORE: Zivile Kleidung birgt in sich die Gefahr, dass ein Priester mit den im Glauben noch nicht gefestigten Laien verwechselt wird. Ein Priester, der ja nicht wie ein Kardinal seine Bereitschaft zum Martyrium zum Ausdruck bringen muss, sollte auf keinen Fall das sinnliche Rot wählen, sondern eine Farbe, die seine seelische Verfassung widerspiegelt, am besten Schwarz oder ein dunkles Grau.

Kann man an der Vatikanischen Sternwarte sein Horoskop stellen lassen? Mich interessiert, was das Horoskop über die Zukunft der Katholikenräte weiß?

MONSIGNORE: Wir befassen uns mit Astronomie, nicht mit Astrologie, können Sie aber beruhigen: Der Einfluss des Katholikenrates wird auch in Zukunft gleichbleibend sein.

Wäre es nicht sinnvoll, wenn es auch heute wie im Mittelalter Hofbeichtväter gäbe? Sie könnten manche törichte Entscheidung der Politiker verhindern?

MONSIGNORE: In welcher Zeit leben Sie eigentlich? Haben Sie noch nicht mitbekommen, dass heute Sünden schon bekannt sind, ehe man sie begeht, und die Leute heute das Bekenntnis ohne Beichtgeheimnis der Beichte vorziehen.

War es nicht ein großer Fehler, Latein nicht nur aus den Schulen, sondern auch aus der Liturgie zu verbannen?

MONSIGNORE: Auch wir sind enttäuscht, dass viele Gläubigen ihre Pfarrer auch in der Landessprache nicht verstehen.

Ich frage mich manchmal: Welches Amt hätte Jesus in der Kirche, wenn er heute leben würde?

MONSIGNORE: Wir haben keinen Zweifel, dass er kein Amt annehmen und sich in die kirchliche Ordnung bereitwillig einfügen würde.

Ich bin schon über 40 Jahre verheiratet und kann nicht verstehen, weshalb sich so wenige junge Menschen für einen Eintritt in ein Kloster entscheiden. Man sollte die Jugendlichen mehr mit den Gründen vertraut machen, die gegen eine Ehe sprechen.

MONSIGNORE: Sie haben recht. Es ist nie gut, Entscheidungen zu früh zu treffen. Die Kirche trifft deshalb oft Entscheidungen, die schon vor hundert Jahren hätten getroffen werden müssen, nicht.

Können Sie uns einen Hinweis geben, woran man Ungläubige, Skeptiker oder Ketzer erkennt?

MONSIGNORE: Es gibt ein sicheres Kriterium: Diese Leute stellen immer neue Fragen und geben darauf immer neue Antworten, obwohl diese Fragen längst beantwortet worden sind.

Darf unser Kirchenchor darauf vertrauen, dass Gott unseren Gesang anhört, auch wenn manche Sänger oft unsauber oder falsch singen?

MONSIGNORE: Ihr Chor kann durch seinen Gesang Gott nicht ärgern, höchstens Menschen, wenn sie musikalisch sind.

Wie kann man die Leute wieder in die Kirche locken? Länger mit den Glocken läuten? Die Sammlungen verbieten oder die Predigten abschaffen?

MONSIGNORE: Probieren Sie es doch einmal mit einer Weihnachtsmette und dem „Stille Nacht"!

Warum gibt es eigentlich die so wichtige Inquisitions-
behörde, die über Moralität und Rechtgläubigkeit zu
wachen hatte, nicht mehr?

MONSIGNORE: Sie wurde mit der Erfindung des
Journalismus überflüssig.

Ich bitte um Dispens vom Besuch der Sonntagsgottesdienste. Bei jeder Predigt gerate ich so in Rage,
dass ich nicht mehr andächtig sein kann.

MONSIGNORE: Machen Sie sich die Sache nicht so
leicht! Sie möchten wegen einer schlechten Predigt
wegbleiben, der Prediger aber muss sie halten.

Ich habe in einer Heiligenbiografie gelesen, der heilige Franziskus predigte sogar den Vögeln. Was war
der Inhalt dieser Predigt? Glaubte er, Vögel würden
ihn verstehen?

MONSIGNORE: Man sollte von den Vögeln nicht verlangen, was man von den Menschen nicht verlangen
kann: dass sie verstehen, was sie hören.

WR

MENSCHLICH -
du, ich und Gott

Gedankensprünge

Wie gut, dass Münchhausen keine Glatze hatte. Hätte er es auch geschafft, sich an den Ohren und der Nase aus dem Sumpf zu ziehen? Münchhausen erlaubte seinen Gedanken die verrücktesten Ideen. Goethe nahm sie gern auf Reisen mit. Heine brachte ihnen das Spotten bei. Kant erstürmte mit ihnen für unerreichbar gehaltene Gipfel. Nietzsche stachelte sie zu Attacken gegen alles an, was ihm missfiel, und Schopenhauer zwang sie, immer neue Grübeleien auszubrüten. Schriftsteller halten ihre Gedanken gern in Büchern fest. Musiker denken in Noten und lassen Gedanken über die Tasten eines Instrumentes gleiten. Maler formen farbenprächtige Gemälde. Freud bohrte mit seinen Gedanken in den Seelen. Shakespeare schickte sie als tragische Gestalten oder Narren auf die Bühne. Und Karl Marx brachte ihnen Klassenkampfgesinnung bei. Die Politiker von heute kneten Gedanken gern zu schwammigen und plakativen Sätzen. Journalisten jagen sie in Mikrofone, und Mönche holen sie vom Kopf ins Herz, weil sie mit ihnen meditieren möchten. Schlimm ist es, wenn man Gedanken in Aktenschränke sperrt oder auf einer Speicherplatte verdursten lässt. Gedanken fühlen sich nur wohl, wenn sie sich bewegen dürfen, wenn sie springen, klettern oder tanzen dürfen und wenn man zuweilen mit ihnen spielt.

WR

Streitkultur

ER: Dein ständiges Dazwischenreden!
        Dein heuchlerisches Beten!

SIE: Deine Launen jeden Morgen!
        Deine lächerlichen Sorgen!

ER: Dein pausenloses Kritisieren!
        Deine Ängste vor den Viren!

SIE: Deine spleenigen Ideen!
        Dein bedrückendes Schwarzsehen!

ER: Deine übertriebene Ungeduld.
        Dein Leugnen eigener Schuld!

SIE: Deine gespielte Selbstsicherheit
        und peinliche Eitelkeit.

ER: Deine dümmliche Rechthaberei
        und grundlose Nörgelei!

SIE: Deine so widerliche Streitlust
        und dein Verharren im Frust!

ER: Deine höhnische Art zu lachen
        über belanglose Sachen!

SIE: Deine aufdringliche Penetranz
        und mangelnde Toleranz!

ER: Dein häufiges Schweigen, dein, dein, dein ...
        Was soll es, lassen wir es sein!

WR

Beratungsangebote

1. Bei einem Pfarrer

Ratsuchender: Herr Pfarrer, ich halte es nicht mehr aus. Wir hatten eben wieder eine Auseinandersetzung.

Pfarrer: Sie haben Eheprobleme?

Ratsuchender: Es klappt einfach nicht mehr. Ich kann meinen Mann nicht mehr ausstehen.

Pfarrer: Wie lange sind Sie verheiratet?

Ratsuchender: Ein Jahr.

Pfarrer: Was? Schon nach einem Jahr? Reißen Sie sich zusammen! Denken Sie an Ihr Versprechen „Bis der Tod euch scheidet!" Ihr werdet doch noch die nächsten 50 Jahre durchstehen können.

Ratsuchender (geht): Noch 50 Jahre durchstehen ...

2. Bei einem Psychotherapeuten

Ratsuchender: Herr Doktor, ich halte es nicht mehr aus. Wir hatten eben wieder eine Auseinandersetzung.

Psychologe: Sie haben Eheprobleme?

Ratsuchender: Es klappt einfach nicht mehr. Ich kann meinen Mann nicht mehr ausstehen.

Psychologe: Wie lange sind Sie verheiratet?

Ratsuchender: Ein Jahr.

Psychologe: Was? Eheprobleme erst nach einem Jahr? Das dauert eben, bis man erwachsen wird. Da ist in Ihrer Kindheit etwas schiefgelaufen. Da kommen wir um eine psychotherapeutische Behandlung nicht he-

rum. In 5–7 Jahren haben wir das im Griff.
Ratsuchender (geht): In 5–7 Jahren …

3. Bei einem Lebensberater

Ratsuchender: Herr Lebensberater, ich halte es nicht mehr aus. Wir hatten eben wieder eine Auseinandersetzung.
Lebensberater: Sie haben Eheprobleme?
Ratsuchender: Es klappt einfach nicht mehr. Ich kann meinen Mann nicht mehr ausstehen.
Lebensberater: Wie lange sind Sie verheiratet?
Ratsuchender: Ein Jahr.
Lebensberater: Was ist da das Problem? Setzen Sie sich mal. Legen Sie diese Binde über die Augen und entspannen Sie sich. Es ist alles eine Sache der Entspannung … Geht es Ihnen jetzt besser? (Klient nickt). Machen Sie einfach 3-mal täglich diese Übung.
Ratsuchender (geht): … 3-mal täglich diese Übung.

WR

BERATUNGSANGEBOTE

Gutachter

Der Rechtsexperte, Professor Bieger, konnte anhand seines Gutachtens dem Gericht schlüssig beweisen, dass der Angeklagte, der irrtümlicher Weise als Verhaltensgestörter mit krimineller Energie bezeichnet wurde, sich zu keinem Zeitpunkt seines Sparkassenüberfalles von unedlen Motiven treiben ließ, weder von der Sucht nach dem bequemen Gelderwerb noch von Raffgier. Niedere Beweggründe seien gänzlich auszuschließen. Der mutmaßliche Täter habe bei der Vorbereitung des Überfalles eine erstaunliche Sorgfalt und ein großes Verantwortungsbewusstsein gezeigt, auch wenn er die Schalterbeamtin mit einer Pistole einschüchterte, den hinzueilenden Filialleiter mit einem Faustschlag niederstreckte und sich genötigt sah, einen zufällig in den Schalterraum kommenden Kunden zu fesseln.

Die massiven verbalen Beschimpfungen des Zweigstellenleiters hätten es dem Täter schwer gemacht, seine Aggressionen zu mäßigen. Die hysterischen Schreie der noch jungen Schalterbeamtin, die außerstande war, sich in der ohnehin gespannten Atmosphäre gelassen zu verhalten, hätten nicht dazu beigetragen, eine solche Situation zu entkrampfen. Außerdem hätte der hinzukommende Sparkassenkunde die Beschimpfung „Sie Gangster, Sie!" zu einem Zeitpunkt, da der Angeklagte, der eine Maske trug, weder als Täter identifiziert werden konnte noch durch ein Gericht rechtskräftig verurteilt war, seine

Äußerung nur mit der Einschränkung „Sie mutmaßlicher Gangster" tun dürfen.

Das habe zu einer Kränkung des Ehrgefühls des Angeklagten geführt, auf das auch ein Krimineller Anspruch hat. Der im Verdacht des Banküberfalls stehende Täter sieht sich deshalb auf Anraten seines Rechtsanwaltes gezwungen, eine Beleidigungsklage gegen den Sparkassenkunden wie gegen die beiden Anwesenden, die dieser Äußerung nicht widersprochen haben, einzureichen.

Der Gutachter, der nach sorgfältiger Prüfung aller infrage kommenden Gesichtspunkte, der Überzeugung Ausdruck gab, dass auch Extremsituationen, wie sie bei Überfällen nun einmal entstehen, bei größerer Besonnenheit aller Beteiligten gemeistert werden könnten, stellte bei den angeblichen Opfern einen erschreckenden Mangel an Einfühlungsvermögen in die prekäre finanzielle Situation des mutmaßlichen Täters fest, der wegen seiner Überschuldung verständlicherweise in eine Panikreaktionen getrieben worden war.

Der Gutachter, der zu bedenken gab, dass der Angeklagte, der wohl bewaffnet war, nicht geschossen habe, obwohl er dazu jederzeit in der Lage gewesen wäre, legte den Richtern nahe, bei ihrem Urteil zu berücksichtigen, dass der Angeklagte, der immerhin erst zwei Banküberfälle unternommen habe, erst am Anfang seiner Laufbahn stehe und aus diesem Grund noch sehr unerfahren sei. Er empfahl deshalb, statt eine Strafe zu verhängen, mit der erfahrungsgemäß doch nie eine Besserung zu erreichen sei, dem mutmaßlichen Täter, der schon als Kind mit Taschengeld kurzgehalten wurde, zu gestatten, dass er das durch

seinen Sparkassenraub erbeutete Geld behalten darf, um ihm die Möglichkeit zu geben, mithilfe einer Intensivtherapie zu lernen, damit sinnvoll umzugehen.

WR

Warum alles schiefgeht

Vielleicht kennen Sie die amüsanten Gesetze von Murphy, „Warum alles schiefgeht". Also ich habe mich durch diese selbstverständlich heiter gemeinten Regeln immer wieder bestätigt gesehen wie: „Wenn man sich an einer Kasse eines Supermarktes anstellt, an der die wenigsten Leute zu stehen scheinen, kann man sicher sein, dass der Kassiererin ihr Wechselgeld ausgeht, dass eine Kundin die falsche Kreditkarte dabei hat und sich die Abrechnung verzögert oder dass ein längerer Umtausch vorgenommen wird. Man sieht an der Nebenkasse, wo vorher viel mehr Menschen angestanden sind, geht es flott voran und man wechselt schnell die Reihen." Nun tritt das nächste Murphy-Gesetz in Kraft: „Wenn du die Reihe wechselst, wird diese die langsamere werden. Während es nunmehr in der vorherigen schnell vorangeht." Murphy nennt noch eine ganze Reihe weiterer Beispiele wie: „Das Butter- bzw. Marmeladebrot fällt immer auf die Butter- bzw. Marmeladeseite" oder: „Wenn du es besonders eilig hast, schalten alle Ampeln kurz vorher auf Rot".

Ich habe einmal über diese Gesetze nachgedacht und bin, glaube ich, auf ein interessantes „menschliches Gesetz" gestoßen. Bestimmt war man schon genauso oft in einer schnellen Anstellreihe, bestimmt ist das Brot auch schon auf die „nicht belegte" Seite gefallen und gewiss hatte ich genauso oft wie die „rote" die „grüne" Welle. Und da tritt nun das menschliche

Gesetz in Kraft: „Wenn etwas gut geht, bemerken wir es viel weniger, weil es uns selbstverständlich erscheint. Leider nehmen wir die Gelegenheiten, wo man ein ehrliches Dankeschön sagen müsste, viel weniger wahr, als wenn wir uns über etwas ärgern müssen oder zu müssen glauben. Der heutige Tag gibt Ihnen vielleicht die Möglichkeit, meine These zu überprüfen. Auf alle Fälle aber ist es immer gut, die vielen kleinen Selbstverständlichkeiten zu entlarven und sich hin und wieder über manches von Herzen zu freuen, das man zu leicht übersieht.

HZ

Der neue Schüler

Entgegen anders gearteter Vorstellungen ist auch in Bayern die Sprachwelt nicht mehr ganz in Ordnung. Da werden sogar Vereine für Mundartpflege gegründet, weil man feststellen muss, dass unsere Kinder, vor allem von den Medien angesteckt, die Mundart immer mehr verlernen.

Es gibt aber noch einige Sprachoasen, sogar in der Nähe von München. Unser kleiner Neffe Thomas geht in eine solche Grundschule. Als wir ihn vor kurzer Zeit besuchten, fragten wir natürlich die obligatorische Frage, wie es ihm in der Schule gefalle. „Geht schon", meinte er.

Aber dann erzählte er, dass es heute sogar sehr aufregend in der Klasse gewesen sei, denn da wäre ein neuer Schüler gekommen. Irgendwo aus dem Norden komme er her, wusste Thomas zu berichten. „Na und, wie ist er?", wollte ich von ihm wissen. Thomas überlegte und meinte schließlich: „Stell dir vor, der red't genauso, wia mia schreiben müssn."

HZ

Klonen

Wollen Sie sich nicht auf Kosten der Kassen
versuchsweise einmal klonen lassen?
Dann sind Sie nicht mehr allein!
Oder wollen Sie einmalig sein?

Wollen Sie nicht – statt sich zu langweilen –
Ihre Originalität mit einem anderen teilen?
Was haben Sie gegen das Geklontwerden?
Es hat sich bewährt, bei Rinderherden!

Beim Eingriff – eine medizinische Bagatelle –
nimmt man von Ihnen nur eine Zelle,
präpariert sie in der Forschungsstätte
und macht aus Ihnen eine Dublette.

So wird Ihnen ein neues Dasein gegeben,
sozusagen ein zweites Leben.
Sie können es in Reserve halten
und es – wenn das erste nicht glückt – gestalten.

Ich empfehle die Sicherheitskopie
für jeden, denn man weiß nie? –
In Krisenzeiten sicherlich
gibt's von Ihnen noch ein Ich.

Davon kann man dann Kopien
und von diesen wieder Kopien zieh'n.

Man könnte Sie viele Tausend Mal klonen,
bis nur noch Sie mit Ihren Egos die Stadt bewohnen.

Oder haben Sie mit den zwei Ichs, die in Ihnen ruh'n,
tatsächlich so viel zu tun,
dass Sie ein drittes Ich aus Angst meiden,
Sie würden auch mit ihm wieder nur streiten?

Oder fürchten Sie, dass man zuletzt
die geklonten Exemplare höher schätzt?
Ja, ihnen könnt' die Karriere gelingen,
während Sie selbst es zu nichts bringen?

Oder möchten Sie sich nicht gegenüberstehen,
um Ihrem Double in die Augen zu sehen?
Oder haben Sie schließlich erkannt,
nur der Umgang mit anderen ist interessant?

WR

KLONEN

Menschen

Ein kleiner Vorschlag: Sollten Sie heute verschiedenen Menschen begegnen, dann machen Sie doch mal ein lustiges Beobachtungsspiel. Natürlich ist der Münchner Marienplatz besonders geeignet, die Menschen aus aller Herren Länder zu beobachten, die da im Café sitzen, das Glockenspiel betrachten, die in die U-Bahn hasten oder aus ihr herausströmen. Ich habe es schon als Kind genossen festzustellen, wie verschieden doch Menschen ausschauen können, auch Leute aus dem eigenen kleinen Ort. Große; kleine, dicke, dünne, freundliche, etwas grantiger dreinschauende, junge, alte, Leute, die rennen, als müssten sie den gestrigen Tag zurückholen, gemütliche, die sich Zeit lassen und sogar noch spazieren gehen. Leute, die immer den Mund aufhaben müssen, die sogenannten „Gschnappigen", oder die stilleren, die „Staaden". Sicher sind auch ein paar dabei, die vielleicht schon mit ihrer Kleidung von der Norm abweichen, bei denen uns der Begriff „ein bisserl gspinnert" in den Sinn kommt, wo wir aber bei genauerer Betrachtung sogar etwas Originelles entdecken. Freuen wir uns doch einmal ohne schnelle Vorurteile einfach darüber, dass diese Vielfalt der Menschen bedeutet: Die Welt ist bunt. Für mich ist ein solches Bild wesentlich erfreulicher, als würden sie alle uniformiert im Gleichschritt dahermarschieren. So kann man bei einer kurzen Betrachtungsspanne auf die banale, aber doch treffende Feststellung von Carlo Sölch kommen:

„Die Menschen sind schon seltene Leut." – „Aber",
so meint derselbe im Anschluss daran, „auch wenn
die Menschen noch so unterschiedlich sein mögen,
sollten wir uns schon aus dem Grund zufrieden mit
den Menschen geben, weil wir keine anderen haben."

HZ

Der geweihte Buddha

Frau Schwankl: Ja, Grüaß Eahna Gott, Frau Treitinger. Jetzt haben ma uns scho lang nimmer gsehn. Wie geht's Ihnen denn?

Frau Treitinger: Ja, da schau her, die Frau Schwankl, Wia lang is jetzt des scho her, dass Sie wegzogn sind? Bestimmt scho zwoa Jahr, gell? Ja, ja, mir geht's scho einigermaßen. Und Eahna?

Frau Schwankl: Ich könnt nicht klagn. I tua jedenfalls einiges für mei Karma.

Frau Treitinger: Für Eahna Karma? Aso, i woaß scho. Sie haben a Katzerl ghabt. I hab grad net gewusst, dass des Katzerl Karma hoaßt. A interessanter Name.

Frau Schwankl: Wo denkens hin? Karma, des is doch ganz was anders. Wia soll i Eahna des erklärn? Da is mehra der Seelenzustand gmoant damit. Wissens, ich beschäftige mich seit einiger Zeit intensiv mit fernöstlichem Gedankengut und daneben auch mit Esoterik.

Frau Treitinger: Esoterik? Ah, ja, des hab i schon amal glesen. Da gibt's sogar eine eigene Messe dafür. Is des so was wia de Schubert Messe oder die Waldler-Messe?

Frau Schwankl: Wo denkens hin? Esoterik, des is ein ganz anders Lebens- und Weltgefühl. Des hat nix mehr mit enger konfessioneller Bindung zum doa. Darüber bin i hinweg.

Frau Treitinger: Ah, was, na sans jetzt nicht mehr wia bei uns im Frauenbund? Singans jetzt womöglich

auch nicht mehr im Kirchenchor? Schad, Sie haben doch eine so schöne Stimme. Sopran, glaub ich, habns immer gsungen?

Frau Schwankl: Um Himmelswillen, erinnern Sie mich nicht an meine konfessionelle Vergangenheit. Damals hatte ich mich noch nicht auf dem Pfad meiner Ichfindung begeben.

Frau Treitinger: Ichfindung? Und jetzt habens Sie sich sozusagen gefunden? Warns im Fundbüro? Hahaha. Entschuldigung, des war nur ein Scherz.

Frau Schwankl: Ja, lachen Sie nur! Jedenfalls kenn i mich jetzt mit mir ganz anders aus und woaß genau, wo meine Chakren san.

Frau Treitinger: Eahnere was?

Frau Schwankl: Chakren. Ohmei, aber des konn i Eahna erst alles erklärn, wenns Eahna wia i auf den Weg der Erleuchtung begebatn.

Frau Treitinger: Weg der Erleuchtung? Ja, wia lang dauertn der?

Frau Schwankl: Des konn ma net so genau sagn. Bei mir hats fast a Jahr dauert.

Frau Treitinger: A ganz Jahr? Um Himmelswuin, so lang konn i mein Alfons net alloa dahoam lassn. Der daad mir sauber hoamleichtn auf dem Weg der Erleuchtung.

Frau Schwankl: Aber i sag Ihnen, es lohnt sich für Eahna Karma. Und für Eahna nächste Wiedergeburt.

Frau Treitinger: Jetzt sagns bloß, dass Sie seit Neuestern an eine Wiedergeburt glauben. Also i persönlich glaub an keine Wiedergeburt nicht. Mir waars schee gnua. Da hab i schon in mein früheren Leben net dro glaubt, haha.

Frau Schwankl: Mei, Frau Treitinger, da müassatns mi amal besuchen. I hab meine ganze Wohnung nach esoterischen Gesichtspunkten eingerichtet.

Frau Treitinger: Aber Sie haben hoffentlich no die schöne Statue vom heiligen Antonius? Ich erinnere mich noch wia heut an die wunderbare Schnitzerei.

Frau Schwankl: Heilige? Nein, nein, mit so einem Aberglauben hab ich gründlich gebrochen. So etwas würde die Energieflüsse in meiner Wohnung empfindlich stören. Gerade habe ich mir aber eine wunderschöne Buddha-Statue besorgt. Schauns her! (Sie zieht einen großen sitzenden Buddha aus ihrer Tasche.)

Frau Treitinger: Ui, der schaugt lustig aus. Aber ehrlich gsagt, der heilige Antonius hat ma besser gfallen. Außerdem wissens ja, für was der heilige Antonius gut ist, wenn ma was verlorn hat.

Frau Schwankl: Ja, ja, ist ja gut. Ich will Ihnen ja Ihren Kinderglauben nicht rauben. Aber sagen Sie amal, was schleppen Sie denn da für ein Riesentrumm in Ihrer Tasche herum?

Frau Treitinger: An Adventskranz. Morgen is doch der erste Advent, und jetzt geh i in die Vorabendmesse in Heilig-Geist beim Pfarrer Schießler und lass den Kranz weihn.

Frau Schwankl: Ja, ja, ich erinnere mich düster an früher. (Beginnt zu singen:) „Advent, Advent ein Lichtlein brennt, erst eins, dann zwei, dann drei, dann vier, dann steht das Christkind vor der Tür." Meine Erleuchtung hängt aber nicht von ein paar Kerzen ab. Aber da fällt mir ein: Wo hams gsagt, dass Sie den Adventskranz weihen lassen?

Frau Treitinger: In der Heiligen-Geist-Kirch beim Pfarrer Schießler.

Frau Schwankl: Ach wissens was, da komm ich mit und lass ich meinen Buddha gleich mitweihn. Schaden kanns ja net, gell?

hZ

Keine Ansteckungsgefahr

In den nebeligen Spätherbsttagen kursieren sie wieder verstärkt: die Erkältungskrankheiten, und man muss besonders aufpassen, dass man sich nicht ansteckt. Wer aber selber merkt, dass von ihm eine Ansteckungsgefahr ausgeht, der wird gut daran tun, möglichst auf Distanz zu den Leuten zu gehen, und sei es auch nur, damit er mit seinem Katarrh und seiner „Hatschibrause" den lästigen Viren und Bazillen nicht neue Nist- und Brutplätze verschafft.

Aber es gibt auch eine Form der Ansteckung, die von den allermeisten nicht als unangenehm empfunden wird – im Gegenteil –, obwohl sich diese Ansteckung in Windeseile ausbreiten kann. Manchmal hat man im Alltag sogar die Gelegenheit zu beobachten, wie Menschen plötzlich angesteckt wurden und sofort wieder anstecken.

Die Erreger dieser Ansteckung heißen Freundlichkeit, und ihr Symptom ist ein Lächeln. Versuchen wir es doch einmal mit dieser Art von Ansteckung, gerade in den grauen Tagen, zum Beispiel im Straßenverkehr, wo es meist keinen oder nur einen geringen Zeitverlust bedeutet, dem anderen verständnisvoll zuzunicken, wenn er sich falsch eingeordnet hat, und ihn eventuell in die richtige Spur einzuwinken. Die Geste, jemanden, der hinter uns kommt, freundlich die Tür aufzuhalten, ist eine ganz einfache Form der zwischenmenschlichen Beziehungen.

Ein freundliches Lächeln ersetzt viele Worte. Viele

theoretische Untersuchungen über Kommunikation und Kommunikationsschwierigkeiten erübrigten sich, erinnerte man sich an eine bekannte Feststellung, dass das Lächeln die kürzeste Verbindung zwischen den Menschen darstellt. Medizinisch betrachtet ist es etwas Gesundes und Entspannendes, und von kosmetischer Seite aus betrachtet ist es eine „sympathische Falte", die andere Falten geradezu ausbügeln kann. Es kann sich also durchaus lohnen, bei sich hin und wieder eine Gesichtskontrolle zu machen, ohne dass man sich zu einem gespielten „Keep smiling" zwingen müsste. Ein freundliches Gesicht ist oft eine beredtere Aussage als viele Worte, es ist eine völkerverbindende Sprache, die sogar Stumme sprechen und Taube hören können. In diesem Sinne sollten wir immer wieder daran denken und mit höchster Genehmigung sämtlicher Gesundheitsbehörden öfter mal anstecken.

Zusammengefasst gesagt:
Wer lacht,
ein freundlich's Gesicht macht,
steckt irgendwann
mit seiner Freud' an.
Und das Ang'stecktwerd'n
habn fast alle Leut' gern.
Drum denkt öfter dran,
steckt doch so einmal an!

HZ

Lachen - dass ich nicht lache ...

Ja, ich weiß, es gibt eine ganze Reihe von Aussagen darüber, dass Lachen die beste Medizin sei. Man kann sich also geradezu gesund lachen. Jacques Tati gibt einen guten Rat: „Man sollte lieber zwei Muskeln bewegen, um zu lachen, statt dreizehn Muskeln, um die Stirn zu runzeln und die Zähne zu fletschen."
Eine Fernsehsendung, in der wahrscheinlich von Prominenten am meisten gelacht wird, ist der Salvatoranstich. Das liegt nicht nur an den mehr oder weniger guten Beiträgen, sondern vor allem daran, dass sich die „Promis" bewusst sind, dass die Kamera dann, wenn sie erwähnt werden, auf sie gerichtet ist. Ist es nicht wirklich zum Lachen, wenn man dann in lachende Gesichter schaut, die (schauspielerisch fast perfekt) drauflosbrüllen, wenn sie hochgenommen werden? Ich gebe ja gerne zu, dass es eine ganze Reihe unter den Politikern gibt, die noch über sich selber lachen können. Der Schreiber dieser Zeilen kennt aber ein paar äußerst eitle Vertreter dieses Berufsstandes, die sonst zum Lachen in den Keller beziehungsweise in den Salvatorkeller gehen.
Nun muss ich aber, was das Lachen anbetrifft, ein wenig Wasser in den Wein gießen. Denn nicht jedes Lachen ist gesund. Nietzsche drückt es noch höflich aus, wenn er sagt: „Lachen heißt: schadenfroh sein, aber mit gutem Gewissen", es kann aber auch Lachen geben, das geradezu tödlich ist: das Auslachen oder das Lächerlichmachen. Mit Entsetzen erinnere

ich mich an den einen oder anderen Lehrer zurück, der seinen „Humor" dadurch beweisen wollte, dass er einen Schüler zum Auslachen an den Pranger gestellt hat. Lachen kann auch fertigmachen bedeuten. Das weiß Harald Höffding, wenn er sagt: „Lachen als Waffe einsetzen zu können, zeigt, dass im Lachen die Idee der Macht eingeschlossen ist." Auch Werner Finck weist in diese Richtung: „Wer andere zum Lachen bringen kann, muss ernst genommen werden, das wissen alle Machthaber."

Offenbart sich eine Machtausübung nicht zuletzt darin, dass man versucht, die Lacher auf seine Seite zu ziehen? Welche Massenhysterie vom Lachen ausgehen kann, zeigen manche sogenannte Unterhaltungssendungen, in denen man sich auf Kosten von Religionen oder auch Behinderten lustig macht. Man kann sich also, wie gesagt, gesund lachen, aber man kann auch jemanden krank oder gar tot lachen. Da halte ich es schon eher mit dem schönen Spruch des Bischofs Kelley, der humorvoll meint: „Wenn du nichts mehr zum Lachen finden kannst, dann hast du noch immer dich selbst."

Vielleicht ist das Lächeln noch eine humanere Form des Lachens. Wenn man auch etwas selbstgefällig den anderen belächeln kann, gilt wohl doch der Spruch von Borge: „Ein Lächeln ist die kürzeste Entfernung zwischen Menschen" oder der von Kjellerut: „Das Lächeln ist eine sympathische Falte, die andere ausbügelt". Lachen und Lächeln im guten Sinne bringt aber das schöne Wort von Christian Morgenstern zusammen, der meint: „Lachen und Lächeln sind Tor und Pforte, durch die viel Gutes in den Menschen hineinhuschen kann." In diesem Sinne ist dann auch das chinesische Lied zu verstehen, dessen Übersetzung wir dem bekannten Sinologen L. A. Bätsch verdanken: „Schick ein Lächeln auf die Reise! Schick es in die Welt! Wie ein Zauberwort wirkt es fort und fort, weil es froh macht und erhellt."

HZ

Liebe Grüße

Wer heutzutage jemanden fragt, wie es geht, bekommt sehr häufig die Antwort „Passt schon" zu hören. Dabei geht der Befragte meist davon aus, dass die Frage nach dem Befinden sowieso nur eine Art Höflichkeitsform ist und eine detaillierte Antwort ohnehin nicht erwartet wird. So sind Standardantworten nicht neu wie: „Ja, mei, es geht schon." Manche antworten sogar mit der kleinen Gegenfrage: „Wie solls mir schon gehn?" Einige werfen auch einen hoffnungsvollen Blick in die Zukunft: „Es werd scho wieder werdn." Bei Spaßvögeln hat sich in letzter Zeit auf die Frage „Wie geht's?" die Antwort „Am liebsten gut" eingebürgert. Sollte man dann demselben sogar noch ein Kompliment machen und sagen: „Gut schaust aus", dann kann es sein, dass ein Witzbold antwortet: „Ja mei, im Gesicht fehlt mir ja nichts". Manchmal fühlt sich der von uns Befragte dann sogar zu der Gegenfrage veranlasst: „Und wie geht's selber?" Da bleibt dann, will man nicht die vorher erwähnten Standardauskünfte geben, nicht allzu viel Spielraum. Aber was soll man schon den anderen alles erzählen? Und so endet manche kurze Begegnung auch wieder mit Sprüchen wie „Mach's gut". Wobei natürlich niemand auf die Idee käme zu fragen, was genau man gut oder vielleicht sogar besser machen sollte. Höfliche Menschen schließlich geben noch „Einen schönen Gruß daheim" mit auf den Weg,

wohl wissend, dass derselbe in den seltensten Fäl-
len ausgerichtet wird. Wie dem auch sei. Für den
heutigen Tag ganz liebe Grüße.

HZ

Sender Vatikan antwortet IV

Da meine Frau sich in ihrem 42. Lebensjahr verwirklichen will, frage ich mich, ob ich meine Lehrtätigkeit aufgeben und Hausmann werden soll? Könnte das eine göttliche Berufung sein?

MONSIGNORE: Unterstützen Sie Ihre Frau, um Ihre Ehe nicht zu gefährden, aber achten Sie darauf, dass sie höhere Ämter nur außerhalb der Kirche anstrebt.

Ich bin überglücklich und ein neuer Mensch, seitdem ich in einer charismatischen Bewegung das Händeklatschen und ekstatische Reden erlernt habe.

MONSIGNORE: Äußern Sie keine Glücksgefühle! Stellen Sie Fragen, damit wir antworten können!

Die Biologen behaupten, menschliches Leben beginne mit der Verschmelzung von Ei- und Samenzelle. Was ist Ihre Meinung dazu?

MONSIGNORE: Menschliches Leben beginnt bei den verschiedenen Menschen verschieden: manchmal nach der Schulzeit, manchmal nach Dienstschluss, häufig nach einer Ehescheidung oder Pensionierung und am häufigsten, wenn es zu spät ist.

Viele Jahre schicke ich schon dringende Bitten zur Muttergottes, dass sie mir die Frau schickt, die zu mir passt. Jetzt bin ich 44 Jahre alt. Soll ich noch weiter warten?

MONSIGNORE: Wenn Sie bis jetzt auf Ihre Gebete keine Antwort erhalten haben, dürfen Sie annehmen, dass die für Sie bestimmte Frau nicht mehr warten wollte und seit einigen Jahren verheiratet ist.

Mein Gewissen verlangt oft von mir das Gegenteil von dem, was ich möchte. Was kann ich tun, dass sich mein Gewissen nicht immer gegen mich stellt?

MONSIGNORE: Weiß Ihr Gewissen, was Sie wollen?

Ich verstehe die ganze Aufregung über die NSA nicht, nur weil sie das Privatleben der Leute ausspioniert. Gott beobachtet uns ja auch pausenlos, und niemand regt sich darüber auf.

MONSIGNORE: Nur speichert Gott Ihre Verfehlungen nicht so lange wie die NSA.

Bitte antworten Sie bald, wir haben in einigen Tagen Wahlen! Alle Parteien vertreten in ihren Parteiprogrammen christliche Werte. Welche Partei würde da Jesus wählen?

MONSIGNORE: Damals gab es nur zwei Parteien:

Pharisäer und Sadduzäer. Die einen waren Heuchler, die anderen blinde Führer. Er wählte deshalb nicht.

Christen sollen die Zeichen der Zeit erkennen, aber woran erkennt man sie?
MONSIGNORE: Wer geduldig wartet, wird bald erkennen, was hätte getan werden müssen.

Ich konnte die Erfahrung machen, dass man seine Schuld in der Psychotherapie intensiver aufarbeiten kann als in einer Beichte.
MONSIGNORE: D'accordo, wenn man keine Sündenvergebung, sondern eine neue Vergangenheit haben möchte!

WR

Quellenverzeichnis

Textnachweis:

Helmut Zöpfl: „Die Pfarrgemeinderatssitzung" aus: Helmut Zöpfl: Anleitung zum Grantln. © Verlagsanstalt Bayerland GmbH, Dachau 2013.

Helmut Zöpfl: „Unser Pfarrer" aus: Helmut Zöpfl: Geh weiter, Zeit, bleib steh! (S. 56) © Rosenheimer Verlagshaus GmbH & Co. KG, Rosenheim 2001.

Helmut Zöpfl: „Igerl und die Beichte" (gekürzte Version des Originaltextes) aus: Helmut Zöpfl: Mein großes Lesebuch. (S. 244-250) © Rosenheimer Verlagshaus GmbH & Co. KG, Rosenheim 2008.

Bildnachweis:

Cover: © anna_kolesnikova/Fotolia.de
Innenbilder: © Michaela Steininger/Fotolia.de